Bibliografische Information der Deutschen Nationalbibliothek:

Die Deutsche Bibliothek verzeichnet diese Publikation in der Deutschen National-bibliografie; detaillierte bibliografische Daten sind im Internet über http://dnb.d-nb.de/ abrufbar.

Coverbild: unsplash.com

Impressum:

Copyright © 2019 GRIN Verlag
Druck und Bindung: Books on Demand GmbH, Norderstedt Germany
ISBN: 9783668965157

Dieses Buch bei GRIN:

https://www.grin.com/document/490375

Barbara Veltjens, Jens Dehrmann

Erfolgsfaktor Führungsethik. Werte schöpfen in Unternehmen

2. überarbeitete Auflage

GRIN Verlag

GRIN - Your knowledge has value

Der GRIN Verlag publiziert seit 1998 wissenschaftliche Arbeiten von Studenten, Hochschullehrern und anderen Akademikern als eBook und gedrucktes Buch. Die Verlagswebsite www.grin.com ist die ideale Plattform zur Veröffentlichung von Hausarbeiten, Abschlussarbeiten, wissenschaftlichen Aufsätzen, Dissertationen und Fachbüchern.

Besuchen Sie uns im Internet:

http://www.grin.com/

http://www.facebook.com/grincom

http://www.twitter.com/grin_com

Barbara Veltjens und Jens Dehrmann

Erfolgsfaktor Führungsethik

Werte schöpfen in Unternehmen

Inhaltsverzeichnis

Abbildungsverzeichnis

Abstract

Die vorliegende Veröffentlichung *Erfolgsfaktor Führungsethik, Werte schöpfen in Unternehmen* will den Diskurs über ethische Wertehaltungen in Zeiten komplexer ökonomischer und sozial-ökologischer Verantwortlichkeiten anregen. Damit soll auch deutlich werden, dass dazu ethische von organisationale Fragestellungen nicht zu trennen sind. Damit positioniert sich der Beitrag im Feld der Organisationsethik wie der Organisationsentwicklung und -transformation. Kernaussage ist, dass Ethik nicht einfach abwählbar ist. An ethischen Werten orientiertes Handeln in Organisationen kann aber nur dann regelgeleitet und für die Organisation hilfreich vorkommen, wenn es dafür Strukturen gibt, die genau dieses Handeln vorsehen, reflektieren und immer wieder einer neuen Vergewisserung unterziehen. Halten Führungskräfte einer Organisation diese Strukturen nicht vor, verliert die Organisation an Orientierung und Effizienz. Am Beispiel einer Krankenhausorganisation werden Herangehensweisen vorgeschlagen, wie Führungskräfte über die Thematisierung von Wertehaltungen die eigenen Energien und Ressourcen wie auch die der Mitarbeitenden erfolgreich schonen und gewinnbringend einsetzen können.

Abstract

This publication Success Factor Leadership Ethics – Value Creation in Corporations, aims at encouraging the discussion about the effectiveness of ethical leadership in organizations, given the ever increasing complexity inherent to economic and social-ecological responsible leadership. It should be made clear that ethical and organizational issues are inseparable from each other. This paper positions itself in the area of organizational ethics, development and transformation. The key message is that ethics is an integral part of leadership and impossible to eradicate. However, acting in organizations committed to ethical values is only achievable and manageable for the organization if there are structures that provide for, reflect on and are repeatedly subject to constant reassurance. If an organization, or their executives do not provide these structures, the organization loses its orientation and efficiency. The authors exemplify the approach by using a hospital organization to show how leadership and employees can deploy their energy and resources successfully.

1 Einleitung

„ Wie sollen wir leben in einer Zeit der Verunsicherung, in der die alten Erzählungen weggebrochen sind und noch keine neue Erzählung entstanden ist, die sie ersetzen könnte?"[1]

Zum Verlust der „alten Erzählungen" zählt der Bestseller-Autor, Yuval Noah Harari, die Brexit-Verhandlungen, Cum-Ex-Geschäfte, Betrugssoftware oder die vielen Einzelbeispiele von persönlicher Bereicherung zulasten von Gemeinschaften. Orientierung am Gemeinwohl, Verlässlichkeit oder Verbindlichkeit in Politik und Wirtschaft -so scheint es- gehören eher der Vergangenheit an. Als ob es dazu noch weiterer aktueller Beispiele bedürfe, hat der Vizekanzler Österreichs u. a. wegen des Eindrucks, käuflich zu sein, eine schwere Regierungskrise in seinem Land ausgelöst.[2] Das so genannte Skandalvideo zeigt Politiker, die in bedenkenswerter Art und Weise über die Möglichkeiten nicht demokratischer Einflussnahme auf ihr Land sprechen.

Der Organisationssoziologe Dirk Baecker beschreibt bereits 2003 einen Wertewandel, der sich auf gesellschaftlicher wie kultureller Ebene vollzieht, indem er feststellt, dass die Wirtschaft sich in ein hochmobiles Kapital und mobile Netzwerkunternehmen differenziert. Er fragt sich, worauf Verlass ist, wenn „(…) Mündlichkeit und Schriftlichkeit mit den Bildschirmen des Fernsehens, des Internets und der Maschinenüberwachung konkurrieren müssen; [und] die Launen der Kunden nicht mehr durch stabile Sozialkriterien der Herkunft, der Ausbildung, des Vermögens und des Alters gebändigt, sondern durch die neue Lust am Design, durch ökologische Sensibilität und durch kulturelle Distinktion zusätzlich herausgefordert werden; wenn die Wissenschaft nicht objektive Sicherheit, sondern konstruktive Unsicherheit liefert; wenn die Erziehung keine fertigen Ausbildungen, sondern Selbstverwirklichungsbedürfnisse und Lernabsichten bereit stellt; und wenn die Wirtschaft selbst sich in eine Gelegenheitsstruktur verwandelt, in der finanzielle Wagnisse locken, die durch keine Karrierestruktur mehr zur Einheit zu bringen ist?"[3]

Die zurückliegenden wie die aktuellen Szenarien erzeugen eine nicht zu verkennende gesamtgesellschaftliche Sensibilisierung für ethische Fragestellungen. Stehr beispielsweise bezeichnete dies 2007 als „Moralisierung der Märkte"[4] und als ein möglicherweise Zuviel an Ethik. Aber kann es ein Zuviel, einen einmal gewonnenen Status quo in Sachen Ethik geben? In Zeiten stetig steigender Komplexität politischer, wirtschaftlicher und sozialer wie ökologischer

---

[1] Harari, Y. N. (2018), S. 339.
[2] Dieser Vorfall wurde am 18. Mai 2019 öffentlich, die Auswirkungen sind derzeit noch nicht absehbar.
[3] Baecker, D. (2016), S. 199.
[4] Stehr, N. (2007).

Lebenszusammenhänge müssen die Fragestellungen danach, was unter welchen Bedingungen gewollt ist, zwangsläufig immer wieder neu beantwortet werden. Fortschreitende Entwicklungen fordern fortschreitende Diskurse, wie beispielsweise zur Frage nach machbarer Gesundheitsversorgung vs. Bezahlbarkeit, Globalisierung vs. regionale Verfügbarkeit von Lebensqualität, Mobilität vs. Nachhaltigkeit oder Gewinnorientierung vs. Mitarbeiterinteressen.

Erfolgsfaktor Führungsethik versteht sich als Beitrag dazu, diesen fortwährenden und notwendigen Diskurs in Zeiten komplexer politischer, ökonomischer, sozialer wie ökologischer Verantwortlichkeiten mit anzuregen. Er positioniert sich zu Aspekten der Organisationsentwicklung, des Transformationsbedarfs und der Organisationsethik. Er versucht Fragen danach zu beantworten, unter welchen Bedingungen ethisches Führungshandeln in Organisationen ökonomisch wirksam werden kann. Durch ihn soll auch deutlich werden, dass ethische Fragestellungen immer Teil des organisationalen und ökonomischen Handelns sind. Damit verbunden sind Überlegungen dazu, wie eine Organisation organisiert sein muss, damit ethische Fragestellungen erkannt und in – auch ökonomisch relevante - Entscheidungsprozesse einbezogen werden können. Denn Voraussetzung für die Wirksamkeit ethischen Führungshandelns ist nicht nur ein zuvor erklärtes ethisches Ziel – beispielsweise im Zuge eines Leitbildes, von Compliance-Regeln u. a. –, sondern vor allem die organisationale Einbindung des dafür notwendigen ethischen Handelns in die Organisationsstruktur zur Erneuerung derselben. Die Kernaussage ist, dass ethische Ziele, Werte und Missionen Strukturen und Raum benötigen, in denen sie gelebt werden, da sie sonst nichts zur zielgerichteten Steuerung beitragen oder dieser ggf. sogar entgegenwirken.[5]

Die Veröffentlichung ist in fünf Kapiteln angelegt. Nach der Einleitung wird in Kapitel 2 dem Missverständnis begegnet, dass Ethik und Ökonomie[6] nicht miteinander vereinbar sind. Ethische Haltungen und Werteorientierungen sind vielmehr Ausdruck unserer Kommunikation und unseres Handelns. Wenn eine Organisationen durch Kommunikation besteht, stellt sich die Frage, wie Ethik kommuniziert wird und ob darüber bei den Beteiligten Klarheit herrscht und Einvernehmen dazu besteht. Nach einer zusammenfassenden Darstellung der Diskussion, was als „gute" ethische Führung gelten kann, geht Kapitel 2 weiter der Frage nach, wie (unsere) Wertevorstellungen entstehen und sich in ethischem Bewusstsein ausdrücken.

---

[5] Krobath, Th. / Heller, A. (2010).
[6] Als Ökonomie wird die Wirtschaft verstanden, die aus Einrichtungen, Maschinen und Personen besteht, die Angebot und Nachfrage generieren und regulieren. (…) Vgl. Gabler (2019a).
Unter dem Begriff Neue Ökonomie wird der Blick auch auf die Bereiche der Ökologie, Nachhaltigkeit u. a. gelenkt. Vgl. Gabler (2019b).

Kapitel 3 greift vor diesem Hintergrund vertiefend das Thema Führungsverhalten auf und verdeutlicht, dass die jeweiligen Wertehaltungen der Führungskräfte das Fundament ihrer Handlungen bilden. Es folgen organisationstheoretische Grundannahmen über die Zusammenhänge von Organisation, Struktur und individuellem Führungshandeln. Mit Hilfe von verschiedenen Theoriemodellen sind unterschiedliche Stufen der Steuerbarkeit von Organisationen veranschaulicht. Im Abschnitt 3.5 (Ordnungsbildung durch Führungskultur) münden die theoretischen Überlegungen mit den drei Regeln zur effizienten Unternehmensführung von Dirk Baecker in Lösungsvorschläge für ethisch verankertes Führungshandeln. Die drei Regeln beziehen sich auf das Einfache einer Organisation, auf die Autonomie der Arbeitseinheiten und Akteure sowie auf die Aufforderung, Führungshandeln soweit als möglich auf die Ebene der Kultur zu verlagern.

Kapitel 4 überträgt die Modelle und Überlegungen in die Praxis. Was für jede Organisation gilt, wird am Beispiel des Systems Krankenhaus deutlich gemacht. Die ethisch relevanten Themen liegen in der Organisation Krankenhaus offensichtlich auf der Hand und erfordern ein ständiges Austarieren des Möglichen mit dem Gewünschten oder Vorgegebenen. Damit verbunden ist ein enormer Energieaufwand[7] aller Beteiligten, der dafür eingesetzt werden muss, „Unstimmiges" stimmig zu machen und zuvor „nicht Handhabbares" handhabbar. Weit verbreitet ist daher das Empfinden der Mitarbeiterinnen und Mitarbeiter, dass Ethik und Organisationsalltag wie auch Ethik und Ökonomie[8] nicht vereinbar sind. Diese Bewertung führt zu weiterem Energieverbrauch der Krankenhausakteure. Im Gegenzug könnte aber kann klar benannte und in Handlung umgesetzte ethische Orientierung Energie schonen und Raum für die sinnvolle Nutzung von Potenzialen schaffen. An die Stelle energieraubender ethischer Orientierungslosigkeit mit all ihren Folgen von Ungewissheit und Ineffizienz, können Orientierungssicherheit und eine transparente Ergebnisorientierung treten.

Das fünfte und letzte Kapitel schließt mit einem Bildungsappell in Sachen Ethik über alle Disziplinen hinweg – vor allem für diejenigen, die jetzt und in Zukunft Führungspositionen besetzen. Ethische Bildung definieren wir dazu als Kompetenz, die befähigt, ethisch Relevantes in Situationen und bei Problemstellungen zu erkennen, zu reflektieren und mit Blick auf Entscheidungen und mögliche Lösungen schlüssige Begründungen zu formulieren.

---

[7] Energie wird hier verstanden als auf den einzelnen Menschen bezogene Ressource, also auf das individuelle körperliche, psychische wie geistige Leistungsvermögen eines Mitarbeiters oder einer Mitarbeiterin.
[8] Der Begriff Ökonomie wird dann „nur" auf die finanziellen Gewinninteressen bezogen.

2 Ethik ist immer im Spiel

Ethik ist ein Teil philosophischen Denkens, der der Frage nachgeht, wie Menschen zu ihren Entscheidungen kommen, wie sie sich verhalten und wie sie die Folgen begründen. Ethik ist von daher nicht gleichzusetzen mit Moral oder einem Wert an sich. Zum Verständnis des Unterschiedes wird in diesem Zusammenhang oft auf den Unterschied zwischen Literaturwissenschaft und dem Schreiben eines Romans verwiesen. Jemand, der sehr gut die Disziplin der Literaturwissenschaft beherrscht, muss nicht zwangsläufig ein erfolgreicher Schriftsteller oder eine erfolgreiche Schriftstellerin sein. Vielleicht ist sogar das Gegenteil der Fall. So ist es auch mit der Ethik. Mithilfe der Ethik wird über moralisches Verhalten und die Normen und Werte einer Gesellschaft, einer Organisation oder auch einer Person nachgedacht und gewertet. Entscheidend bei der Wertung von Einstellungen und Handlungen oder einem „Richtig" und einem „Falsch" ist zunächst die schlüssige Begründung auf der Grundlage einer Werteordnung.[9] Unser Handeln kann daher niemals nicht ethisch, gleichwohl aber unmoralisch sein.

Im Lauf der Geschichte entwickelten sich verschiedene Strömungen. Der ursprüngliche Utilitarismus (Jeremy Bentham; John Stuart Mill) beispielsweise fordert zu Entscheidungen auf, die dazu führen, dass die Handlungen möglichst für die Allgemeinheit nützlich sind. Die Interessen Einzelner treten in den Hintergrund. Das Prinzip lautet: Führe diejenige Handlung aus, durch die eine größtmögliche Summe an Nutzen für alle Betroffenen erreicht wird (Greatest Happiness Principle). Im Rahmen der wirtschaftlichen Marktorientierung wurde daraus, dass Märkte ein Gleichgewicht anstreben und dass wenn man den Teilnehmern erlaubt, ihre Eigeninteressen zu verfolgen, das dem Allgemeinwohl am besten dienen würde. Aktuell fragen sich viele Ökonomen, ob als Folge das Auseinanderdriften gesellschaftlicher Schichten und ihrer Einkommen diese neoliberale Sichtweise Bestand haben kann.

Für die Medizinethik steht vor allem das Ethikprinzip „Autonomie und Wohlergehen" (Tom Beauchamp; James Childress). Hier wird aufgefordert, Entscheidungen und Handlungen danach auszurichten, dass des Einzelnen (Patienten) Autonomie gewahrt bleibt und zugleich das individuelle Wohlergehen berücksichtigt wird. Das allgemeine Interesse – oder Wohlergehen aller – spielt eine untergeordnete Rolle. Der Grundsatz lautet: Gut ist, was die Patientenautonomie und das individuelle Patientenwohl sichert.
Ethische Prinzipien sind also nicht nur sehr unterschiedlich, sondern können somit auch zu diametral unterschiedlichen Bewertungen von Situationen und Formulierungen von Fragestellungen führen. Ethische Betrachtungen sind insofern einem Wandel unterworfen. Die

---

[9] Pieper, A. (2017), S. 20.

daraus abgeleiteten Entscheidungen und Handlungen sind immer im Zusammenhang mit den jeweiligen (ethischen) Grundannahmen der handelnden Individuen zu sehen. Ethische Entscheidungsfindung entsteht also niemals im luftleeren Raum, sondern ist vielmehr abhängig vom dem, was gewollt ist und wie es in Beziehung zum angestrebten Ziel handelnder Individuen steht. Da Organisationen Zwecke verfolgen, die mit Zielen verbunden sind, ist das Handeln wie auch immer ethisch zu betrachten.

Die Überschrift „Ethik ist immer im Spiel" will diesen Zusammenhang, dass ethische Fragestellungen und damit Positionierungen im Organisationsalltag nicht abwählbar sind, zum Ausdruck bringen. Denn so wie wir nicht *nicht* kommunizieren können,[10] können wir auch nicht *nicht* ethisch im Sinne einer ethischen Strömung und deren Werteorientierung handeln. Daher ist die Frage nicht, ob beispielsweise finanzielle Gewinninteressen und Ethik zueinander passen, sondern vielmehr, in welchem Begründungszusammenhang sie zueinanderstehen. Welche Werteorientierungen sind Zielen finanzieller Gewinnmaximierung oder ggf. anderer, beispielsweise einer an Fairness orientierten Mitarbeiterführung oder dem Patientenwohl, zuzurechnen? Die Frage lautet ganz konkret: Was soll Vorrang haben? Ist ein privater Bildungsträger bereit, die Gewinnmaximierung zugunsten der Angebotsqualität zu reduzieren? Entscheidet sich der Landesschulträger für die Sanierung der Schulen oder der Straßen? Gibt der Hersteller von Milchprodukten wahrheitsgemäß darüber Auskunft, was im Produkt enthalten ist u. v. m. Allen diesen Überlegungen liegt eine Führungsentscheidung und -handeln zugrunde.

Für die Überlegungen, unter welchen Bedingungen ethisches Führungshandeln in Organisationen wirksam werden kann, muss daher geklärt werden, welche Ethik gemeint ist und welche Werteorientierungen wem zugeschrieben werden. Seit etwa den 1990er Jahren bringen Unternehmen ihre ethischen Anforderungen u. a. in Leitbildern, Compliance-Vereinbarungen, Verhaltenskodizes u. a. zum Ausdruck. Diese schriftlich fixierte Sensibilisierung für ethische Fragestellungen bleibt im Alltag der Organisationen jedoch nahezu wirkungslos, wenn damit kein verbindliches und sanktionsfähiges (bestärkendes wie abzulehnendes) Verhalten einhergeht. Um ethisches, also an Werten orientiertes Führungshandeln im Organisationsalltag wirksam werden zu lassen, bedarf es daher der Offenlegung von konkreten Wertevorstellungen und entsprechender Verhaltensindikatoren in Verbindung mit den Unternehmenszielen. Es braucht Organisationsstrukturen, die es ermöglichen, vereinbarte Maßstäbe zu berücksichtigen, Wirkungen zu reflektieren und sowohl positiv als auch negativ zu sanktionieren. Ohne eine verbindliche Einbeziehung ethisch reflektierten Führungshandelns kann Ethik in Organisationen nicht zielgerichtet wirksam werden.[11]

---

[10] Watzlawick, P. (2018).
[11] Krobath, T. / Heller, A. (2010).

2.1 Wertebildung ist ein Entwicklungsprozess

Wertehaltungen stehen nicht im luftleeren Raum, sie sind vielmehr kontextgebunden und in Zeiten dynamischen gesellschaftlichen Wandels darüber hinaus, wie schon erwähnt, permanenter Veränderung unterworfen. Spätestens mit Beginn der Säkularisierung während der Französischen Revolution, aber auch vor dem Hintergrund aktueller gesellschaftlicher Fragestellungen ist daher ein einmal erreichter Werte-Status-quo nicht mehr denkbar. Denn unsere Vorstellungen darüber, was als erstrebenswertes Ziel, was als „gut" oder „schlecht" oder was als gerecht oder ungerecht gilt, verändern sich ständig. Und es ist nicht etwa so, dass wir alle wankelmütig wären. Vor allem ist das deshalb so, weil die sich ständig verändernden Bedingungen und Informationen uns zu sich verändernden Einschätzungen kommen lassen. Unser Vermögen, sich an Werten zu orientieren und immer wieder neue „stimmige" Entscheidungen zu treffen, muss daher stetig in Veränderungsbereitschaft sein. Dies erfordert besondere Fähigkeiten, die in Anlehnung an Erpenbeck und Heyse[12] als Kompetenzbildung definiert werden können. Zur Kompetenzbildung zählen Erpenbeck/Heyse, neben dem Erwerb von Wissen, (manuelle) Fertigkeiten und Motivation, explizit auch die Fähigkeit der Wertebildung hinzu. Die Ausbildung dieser Kompetenzen wird übergeordnet dem Begriff Lernen zugeordnet. Dohmen formuliert in diesem Sinne, dass Lernen ein „Prozess der Informations- bzw. Erfahrungsverarbeitung"[13] ist. In persönlichkeits- und umweltbedingter Weise werden dazu „Informationen bzw. Erfahrungen selektiv aufgenommen, auf früher Gelerntes bezogen, geordnet, mit subjektiven Bedeutungsakzenten versehen bzw. bewertet und in schon vorhandene Vorstellungszusammenhänge bzw. kognitive Strukturen integriert (...)." Werte-Lernen ist somit ein Bestandteil von subjektiver Informations- und Erfahrungsverarbeitung. Die Wertebildung benötigt dazu die Auswahl dessen, was als relevant oder nicht relevant erscheint. Dafür greifen wir auf zuvor gemachte Erfahrungen und deren Bewertungen zurück. Blumenberg[14] nennt das poetisch die „Lesbarkeit" der Welt und meint damit, dass der Mensch in die Welt, wie sie ist, hineingeboren wird, sich aber dann die Welt auf seine individuelle Art und Weise, durch seine eigenen Erfahrungsfilter, zu eigen macht.

Erfahrungen und die daraus folgenden (Be-)Wertungen legen sich in unserem Gehirn und in unserem gesamten Körpersystem (Muskulatur, Organe, Leitsysteme) ab. Ein Umstand, dessen Wirkung wir im Alltag wahrnehmen können als Schwitzen oder Magenschmerz in Drucksituationen, Veränderung der Gesichtsfarbe bei angenehmen oder unangenehmen Situationen, Liebesgefühlen, die als Schmetterlinge im Bauch beschrieben werden, einer Musik, die uns ggf. an einen Ort erinnert, Bilder, die uns unvermittelt in den Kopf „schießen" und verbunden sind

---

[12] Erpenbeck. J. / Heyse, V. (2007), S. 11; S. 14 ff.
[13] Dohmen, G. (1982), S. 195, zitiert in: Erpenbeck, J. / Heyse, V. (2007), S. 59.
[14] Blumenberg, H. (1981).

mit im gesamten Körper wahrnehmbaren Reaktionen. In der Neurobiologie und der Psychologie herrscht weitestgehend Einigkeit darüber, dass Gehirn und Körper unauflöslich und über wechselseitig aufeinander bezogene biochemische und neuronale Verschaltungen miteinander verbunden sind.[15] Das ist die Ursache dafür, dass Menschen aufgrund eines hohen psychischen Drucks beispielsweise krank werden können oder Mitarbeitende in Organisationen die Kluft zwischen den ungefähren Anforderungen einer Organisationsethik und der persönlichen Werteorientierung als belastend erleben und in der Folge körperliche Symptome der Erschöpfung, Magengeschwüre, Rückenleiden, Hautausschläge o. a. erleben. Für die Körper-Geist-Verbindung sind dies nichts anderes als Versuche, das im Außen Wahrgenommene mit dem im Inneren Wahrgenommenen auszubalancieren, also eine Art Gleichgewicht von außen und innen herzustellen. Das gilt auch für die Ausbildung von Werten. Wertebildung ist Teil des menschlichen Körper- und Entwicklungserlebens. Unser Gehirn hat dafür die Aufgabe, „gut informiert zu sein" über das, was im übrigen Körper vorgeht. Also über das, was in ihm selbst vorgeht, und über die Umwelt, die den Organismus umgibt, sodass geeignete Anpassungsprozesse zwischen Organismus (Körper) und Umwelt vorgenommen werden können.[16]

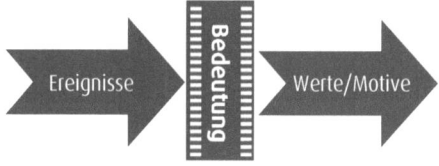

Abb. 1: Individuelle Bedeutungszuweisung als Filter im Werteentwicklungsprozess

Um diese Anpassungsprozesse zu bewältigen, verortet das innere Navigationssystem (Wertesystem) Erlebtes in positive und negative Affekte.[17] Affekte entstehen zwischen hin- und wegführenden Bewegungen, sind immer präsent und die Grundlage unserer Emotionen.[18] Unsere Handlungen sind somit für uns selbst (Bewertungs-)Spiegel wie auch Signal für unsere Umwelt und führen zu reziproken Handlungen. Wertebildung, als Teil von Kompetenzbildung, ist also die Grundlage und Hinführung zur Ethikkompetenz und unmittelbar als ganzheitlicher, Körper, Emotionen und Geist umfassender Lernprozess zu verstehen.

[15] Damasio, A. R. (2015), S. 128; Veit, I. (2018), S. 21-50.
[16] Damasio, A. R. (2015), S. 132; S. 141.
[17] Storch und Tschacher (2016, S. 38) definieren den Affekt als einen unmittelbar nach einem Auslöser einsetzenden Prozess, der in zwei Dimensionen beschrieben wird: als positiver oder als negativer Affekt. Beide Affekte können nach ihrer Intensität eingestuft werden.
[18] Esch, T. (2012).

Führungskräfte sind vor diesem Hintergrund besonders herausgefordert, da sie mit der Anforderung konfrontiert sind, Organisationsziele und -werte mit den eigenen, persönlichen Wertehaltungen auszubalancieren. Häufig kommt es dabei zu einem Spannungsempfinden, welches in Untersuchungen als gesundheitsschädlicher Stressfaktor identifiziert wird.[19] Die vor allem von Führungskräften dafür notwendige und geforderte Fähigkeit zur Ambiguitätstoleranz[20] muss im Alltag immer wieder neu hergestellt bzw. erweitert werden. Denn die Fähigkeit, Spannungen und Stress bei gleichbleibender kreativer Handlungsbereitschaft auszuhalten, ist eine endliche Energieressource. Sie gleicht einem Gefäß.[21] Wenn etwas weggenommen wird, muss nachgefüllt werden, sonst sinkt der Pegel kontinuierlich. Krankenkassenreporte können als Hinweis darauf gelten, dass dieses Auffüllen von Energie schwierig zu sein scheint. Fehltage aufgrund von Rücken- und psychischen Erkrankungen steigen weiter an und der DAK-Gesundheitsreport aus dem Jahr 2018 formuliert, dass strukturelle Aspekte, Kultur und Betriebsklima die Krankheitsquote beeinflussen. [22] Wie schwierig es aber ist, Führungshandeln zu identifizieren, welches Energien Einzelner und damit die Ressourcen der gesamten Organisation schont, zeigt die kontroverse Debatte darüber, was genau als „gutes" oder „schlechtes" Führungshandeln gelten kann und ob eine (scheinbar) gute Führung zwangsläufig auch eine erfolgreiche Führung z. B. im Sinne der ökonomischen Interessen ist.

2.2 Die Wertehaltung „gute" Führung

Zum Werte-Lernen, verstanden als Prozess, der geprägt ist durch die subjektive Erfahrungsverarbeitung von Informationen, gehört also der Umgang mit etwas, das außerhalb des Lernenden liegt, mit etwas Fremdem, mit dem der Lernende sich auseinandersetzen muss.[23] Neben allem Unbewussten in diesem Prozess braucht es dafür, vor allem in beruflichen Kontexten, immer auch einen Teil des bewussten Wollens. Das meint, dass Führungskräfte einerseits der (Haltungs-)Realität ihres organisationalen Umfeldes ausgesetzt sind und auf dieses „nur" reagieren können, andererseits gestalten sie das Unternehmen jedoch maßgeblich mit und nehmen mit ihren Haltungen und Handlungen aktiv Einfluss auf das Bedingungsgefüge. Bezogen auf die Wertehaltung einer Führungskraft und die zu beobachtenden Handlungen muss im Organisationskontext daher von einer Werte-Dualität, also einer sich wechselseitig ergebenden Zuordnung zwischen Führungskraft und Organisation, ausgegangen

---

[19] Esch, T. / Esch, S. M. (2016).
[20] Fähigkeit und Toleranz, Ungewissheit und Unstimmigkeit auszubalancieren und zu verkraften.
[21] Esch, T. / Esch, S. M. (2016).
[22] DAK (2018), S. 243.
[23] Tietgens, H. (1986), S. 113.

werden.[24] In Organisationen sind die Handlungen der Führungskräfte daher nicht einfach „das zwangsläufige Resultat der Aneinanderkettung von rational begründbaren Handlungsentscheidungen, sondern immer auch Ausdruck von menschlichen Beobachtungs-, Kommunikations-, Deutungs- und Interpretationsleistungen."[25]

Unter Überschriften wie „bad leadership" oder „toxic leadership" fasst die Forschung zusammen, dass die als erfolgreich definierte Führung nicht zwangsläufig mit ethischer Führung oder „guter" Führung in Verbindung gebracht wird.[26] In dieser Diskussion ist auffallend, dass Werteorientierung und Wertehaltung nicht als zwingender, nicht abzuwählender Teil gehandelt werden. Selbst unter Titeln wie „Ressourcenorientiertes Führen", „Ganzheitliches Führen" oder „Systemische Führung" finden sich keine Aussagen zum Thema Ethik und Werteorientierung als implizite Führungsaufgabe. Ethische, nachvollziehbare und offene werteorientierte Führungshaltung scheint in der Praxis kaum ein Thema zu sein.[27]

Aber es gibt auch Stimmen, die ethisches Führungsverhalten explizit als Grundlage und Baustein nachhaltiger Organisationsentwicklung beschreiben. In einer Metaanalyse aus dem Jahr 2015[28] mit insgesamt 30.000 Teilnehmenden sind beispielsweise Indikatoren wie Gerechtigkeit, Vertrauen, Integrität, Transparenz u. a. als ethisch relevantes Führungshandeln herausgearbeitet worden. Zugleich wird festgestellt, dass ethische Führung, sofern sie von der Führung selbst vorgelebt wird, positive Wirkungen auf die Leistungen und die Leistungsbereitschaft der Mitarbeiterinnen und Mitarbeiter hat. Auch nehmen Unternehmen für sich eine offene Hinwendung zum Thema Werteorientierung und ethische Führung in Anspruch und beschreiben ihre Erfahrungen mit diesem Schritt positiv und als Wettbewerbsvorteil.[29] Das Sprechen über Ethik wird als erster und wichtiger Schritt benannt. Kuhn/Weibler[30] nennen dies das „moralische Sprechen" und verweisen u. a. auf eine „Integritätsorientierte Führungskultur", die in einem generativen Dialog immer wieder neu herzustellen sei. Auch diese Perspektive

---

[24] Der Begriff Dualität ist in diesem Zusammenhang von Giddens, A. (1988) inspiriert, der von einer dualistischen Einheit spricht, um das wechselseitige Abhängigkeitsverhältnis von Handlung und (Organisations-)Struktur zu beschreiben.
[25] Dollhausen, K. (2003), S. 29.
[26] Beispielhaft zeigen Erickson, A. et al. (2007), dass diejenige Führung, die u. a. von Mitarbeiterinnen und Mitarbeitern als „schlechte" Führung angesehen wird, in der Praxis und aus den Augen der Mitarbeitenden sogar eher belohnt als bestraft wird. Dammann, G. (2007, S. 40) fasst aus verschiedenen Forschungsergebnissen karrierefördernde Merkmale zusammenfasst und benennt Narzissmus als übergeordnetes Persönlichkeitsmerkmal von Führungspersönlichkeiten. Neben übersteigertem Selbstwertgefühl werden Merkmale wie Verweigerung, für das eigene Verhalten Verantwortung zu übernehmen, suchtartiges Arbeitsverhalten, oberflächlicher Charme, die Fähigkeit, leicht zu lügen u. a. genannt.
[27] Kuhn, T. / Weibler, J. (2012), S. 12 f.
[28] Ng, T. (2015).
[29] Beispielsweise Brandt, U. / Babile, D. (2010).
[30] Kuhn, Th. / Weibler, J. (2012), S. 149.

geht also davon aus, dass es keinen ethischen Status quo zu erreichen gibt, da die sozial-politischen wie ökonomisch angetriebenen Veränderungsprozesse eine regelmäßige Neujustierung der Positionen und Handlungen nötig machen.

3 Ordnungsbildung und Effizienz

Kein Verhaltenskodex, keine Leitlinie oder Compliance-Vereinbarung hilft jedoch, wenn diese vom Handeln der Organisationsakteure abgekoppelt ist, wenn keine Strukturen bereitstehen, in denen ethische Haltungen ausgehandelt und die Handlungsorientierungen praktisch erlebbar werden können. Für die Praxis ist daher ein Leitgedanke tragend: Je mehr die ethische Organisationsdebatte vom Handeln der Akteure entkoppelt ist, desto geringer ist die zielgerichtete organisationale Steuerbarkeit, also die Effizienz. Organisationen schwächen sich also selbst, wenn sie über ihre Organisationsziele und die damit verbundene Werteorientierung und Haltungen nicht sprechen, und vor allem, wenn die Akteure infolge der ethischen Sprachlosigkeit ihr Handeln nicht danach ausrichten (können). Es entstehen sich verselbstständigende Dynamiken und Orientierungslosigkeiten, die von den Führungskräften aufgefangen, mit eigenen Haltungen und Handlungen abgeglichen und ggf. korrigiert werden müssen. Soll Werteorientierung dem gegenüber als Stabilitätsfaktor zum Wohle der Organisation beitragen, benötigen die Führungskräfte Wissen darüber, wie sich Strukturen in Organisationen herausbilden und wie sich diese steuern lassen. Darüber hinaus benötigen sie die praktischen kommunikativen Fertigkeiten dazu, dieses Wissen so anzuwenden, dass die Mitarbeitenden der Organisation sich in diesen Strukturen zurechtfinden. Als Grundlage ihres Handelns stehen den Führungskräften dafür ihre eigenen Wertehaltungen und die der Organisation zur Verfügung. Dieses Verhältnis wurde bereits als Ethik-Dualität bezeichnet.

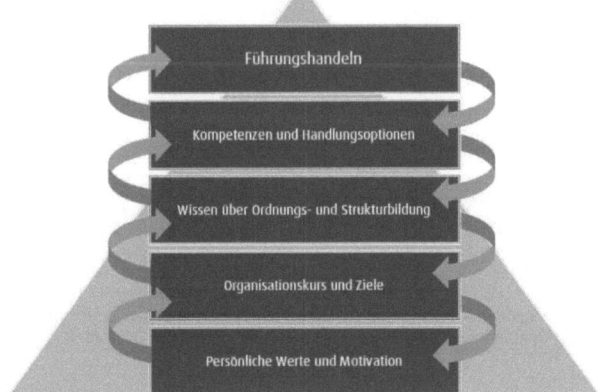

Abb. 2: Bausteine für Führungswissen und ihre Wechselbeziehungen

Im folgenden Abschnitt wird vor diesem Hintergrund überlegt, welches Führungshandeln ggf. zu welchen Konsequenzen in den Organisationen führt. In der Literatur wird dies in der Regel als die Frage des Führungsstils diskutiert.

3.1 Führungshandeln und Ordnungsbildung

Noch bis in die 1980er Jahre hinein war es üblich, die Wechselwirkung von Führungshandeln und den zugeschriebenen organisationalen Wirkungszusammenhängen mit einer einfachen Sortierung der Führungshaltungen zu erklären, nämlich den drei klassischen, von Kurt Lewin formulierten Führungsstilen „Autoritär", „Demokratisch" (heute kooperativ) und „Laissez-faire". Wurden Mitarbeitende nach dem Führungshaltung ihrer Führungskraft befragt, nannten diese einen der drei Begriffe und verbanden damit gleichzeitig einen zwar diffusen, aber dennoch sich voneinander abgrenzenden Wertekanon. Bei einer als autoritär beschriebenen Führungskraft war beispielsweise davon auszugehen, dass sich Mitarbeitende nicht einbezogen fühlten, dass Anweisungen einfach abzuarbeiten waren. Als nahezu gegenteilig wirksam wurden Führungskräfte beschrieben, die als „kooperativ" galten. Diesen Führungskräften wurde demokratisches Verhalten zugeordnet, sie ließen Diskussionen zu und boten im Zweifelsfall Hilfe an. Als „Laissez-faire" galten wiederum Führungskräfte, die selbst als nicht entscheidungsfreudig gesehen wurden und sich gern der Verantwortung entzogen, indem sie diese auf die Mitarbeitenden verschoben. Der Kritik, dass diese Aufteilung der Führungsstile zu kurz greift, da sie weder die Umstände noch die Konstellation der Akteure und Organisationen berücksichtigt, sah sich die Dreiteilung von Anfang an gegenüber. Der Stil des situativen Führens nahm diese Kritik auf und überführte die zuvor statischen Aspekte in konstruktives und der Situation angemessenes, am Menschen orientiertes Führungshandeln.

Die Welt hat sich weiterentwickelt und Führungsanforderungen heute müssen Themen wie Globalisierung, Digitalisierung, die sich rasch und stetig verändernden Märkte, Entwicklungsoptionen der künstlichen Intelligenz, bei knappem Personal steigende Arbeitsverdichtung u. a. bewältigen. Die Wirkungszusammenhänge sind unüberschaubar und Organisationen gelten als komplexe, ungewisse und dynamische Gebilde, die sich fortwährend den neuen Rahmenbedingungen in Bezug auf ihre Umwelt wie ihre innere Verfasstheit stellen müssen. Für die Stilbezeichnungen ist es daher immer schwerer, den Kern ihrer Anliegen abzubilden. Die Schlagworte dazu sind Agilität, Ambidextrie und New Work.[31] Stark vereinfacht ist der Entwicklungsbogen zu beschreiben mit: Von linear statisch hin zu dynamisch situativ, hin zu kom-

---

[31] Einen Überblick über die Stilentwicklung und ihre angrenzenden Fragestellungen, inklusive weiterführender Literatur, bietet u. a. Mahlmann, R. (2019).

plex, weiter zu disruptiv, agil, kollaborativ und digital. Führungskräfte heute sind dazu aufgefordert, die Bedeutung der Situation, die Intentionen und Interessen der beteiligten Akteure, der Stake- und Shareholder, zu berücksichtigen. Gleichzeitig sollen sie situativ angemessen Interpretationen der in der Regel komplexen und nicht mehr gänzlich zu überschauenden Ausgangslagen berücksichtigen und dazu in einer vorbildlich kooperativen Weise ansprechbar sein. Im Stil-Schlagwort der Digital Leadership vereinen sich beispielsweise folgende Anforderungen: Die „(…) Vernetzung von Menschen, Themen, Produkten, Transparenz im Austausch, Partizipation der Nutzer an Produkten/Diensten (…), frühzeitig Signale für Korrekturen aufzunehmen und zu verarbeiten."[32] Dabei spielt selbstverständlich eine Vielzahl von Bewertungen und Werten eine Rolle, ohne dass diese an sich thematisiert werden.

Es geht also im Grunde um eine Orientierung auf dem Markt dieser Möglichkeiten. Die damit einhergehenden Kernanforderungen an die Führungshaltung greifen interessanterweise u. a. auf altbekannte Begriffe wie Offenheit, Vertrauen, Demokratie oder Kooperation und Partizipation zurück. Dies zeigt die untenstehende Grafik aus dem aktuellen Jahr 2019.

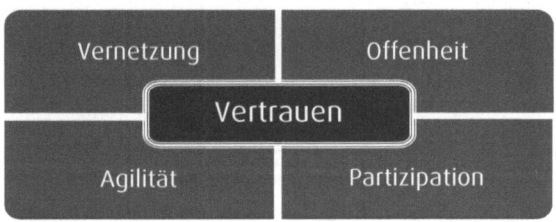

Abb. 3: Unternehmenskulturelle Voraussetzung und Führung[33]

Unabhängig jedoch vom Stil bzw. einer Haltung, treffen Führungskräfte ihre Entscheidungen vor dem Hintergrund einer Mischung aus feststehenden Größen wie Zahlen, Daten, Fakten, feststehenden Prozessabläufen in Verbindung mit ggf. gesetzlichen Vorgaben einerseits und Entscheidungsspielräumen, als unsicher eingeschätzten Entwicklungen, noch Verhandelbarem u. a., sowie den persönlichen Präferenzen und (Be-)Wertungen andererseits. Für Teile des Handelns gilt, dass auf etwas vermeintlich Sicheres zurückgegriffen wird. Für andere Teile gilt die Möglichkeit der Entwicklung, Offenheit, Flexibilität usw. Dass auf Vertrauen, Offenheit und Partizipation ausgerichtete Stile unter den Bedingungen der „konstruktiven Unsicherheiten"[34], wie Baecker sie nennt, besser wirken, davon ist sicher auszugehen.

---

[32] Ebd., S. 164 f.
[33] Ebd., S. 165
[34] Baecker, D. (2016), S. 199.

Gleichzeitig ist es jedoch auch realistisch, Organisationen nicht über einen Kamm zu scheren und in der Praxis genau hinzuschauen, welche Ziele Organisationen mit welchen Strukturen und Führungsinterventionen erreichen können. Ein Krankenhaus benötigt dazu andere Herangehensweisen als ein IT-Start-up.

Mit Blick auf das Thema Führungsethik kann an dieser Stelle zusammengefasst werden, dass jedes Führungsverhalten – unabhängig davon, welche Handlungsoptionen damit verbunden sind –, sich in einer Werteorientierung verortet und ableitbare Wirkungen auf die Akteure und ihr Umfeld erzeugt. Ein autoritäres Führungshandeln setzt eine andere Werteorientierung voraus und lässt andere Handlungsoptionen zu als sogenanntes kollaboratives Verhalten usw. Auch wenn Stilnamen für Haltungen und Verhalten vermieden werden, weil sie beispielsweise als schwierig, überfrachtet, nichtzutreffend oder nicht mehr zeitgemäß empfunden werden, bleibt eine Führungshandlung auf ihre Wirkung bezogen. Ein Rückgriff auf den Organisationssoziologen Talcott Parsons[35] hilft in diesem Zusammenhang, sich hierbei an das Wesentliche zu erinnern. Parsons entwickelte bereits in den 60er Jahren des letzten Jahrhunderts seine Handlungstheorie, die die Merkmale von Handlungen in Organisationen ordnet. Er geht von vier Elementen einer Handlung aus: erstens dem Akteur, zweitens dem Ziel des Handelnden, drittens der Handlungssituation und viertens – und das ist in diesem Kontext von Bedeutung – den Normen und Werten, die mit dem Handeln verbunden sind. Aus einer organisationssoziologischen Perspektive verweist Parsons darauf, dass sich Normen und Werte selektiv sowohl auf die Ziele der Handelnden als auch auf die Auswahl der zu verwendenden Mittel auswirken.[36] Kurz gesagt: Das Wertesystem und Führungsverhalten einer Führungskraft nimmt Einfluss auf Entscheidungen sowie auf den Einsatz und Umfang der Mittel und damit auf die Wirkung. Da die Wertebildung selbst, wie im vorherigen Kapitel in Anlehnung an die Lernforscher Erpenbeck und Heye beschrieben, wiederum im Zuge der jeweiligen Lernerfahrungen eines Individuums stattfindet, sind für das Führungshandeln die jeweiligen kompetenzbildenden Faktoren der Lernerfahrungen bedeutsam.

Je nachdem also, wie sich eine Führungskraft im Hinblick auf Herkunftsmilieu, Persönlichkeitsentwicklung, Bildung, die daraus entstehenden persönlichen Bedürfnisse und Ableitung von persönlichen Zielen entwickelt hat, wird, verbunden mit dem, was in der jeweiligen Umgebung an unternehmenskulturellen Aspekten zu berücksichtigen ist, ein entsprechendes Führungsverhalten zu beobachten sein. Im Sinne der Dualität von Handlung und Struktur[37] entsteht

---

[35] Parsons (1902–1979), US-amerikanischer Soziologe, gilt als einer der einflussreichsten Soziologen der Nachkriegszeit. Insbesondere ist es ihm gelungen, aus der Soziologie heraus die Brücken in andere Nachbardisziplinen zu schlagen (Politikwissenschaft, Psychologie u. a.).
[36] Parsons, T. (1994). S. 73-79.
[37] Giddens, A. (1988).

eine ordnungsbildende Werte-Dualität im wechselseitigen Abhängigkeitsverhältnis von Organisation und Führungskraft.

3.2 Ordnungsbildung und Selbstorganisation

Das Wissen über diese Werte-Dualität ist für Führungskräfte grundlegend. Es kann aber nur dann persönliche Energien und organisationale Ressourcen schonen helfen, wenn es mit Wissen über die ordnungsbildenden Dynamiken in Systemen (Organisationen) einhergeht. Die Selbstorganisation von Systemen ist hierbei der Ausgangspunkt der weiteren Überlegungen. Über das jeweilige ordnungsbildende Handeln der Führungskraft hinaus entstehen in komplexen Organisationen auch Ordnungen, die als unabhängig von den einzelnen Handlungen eines Akteurs gelten, also auch unabhängig von Stilfragen. Diese Ordnungen entstehen gewissermaßen aus der Organisation heraus, also aus dem Zusammenspiel der Bedingungen und Handlungsreaktionen und sind nicht mehr rück zu verfolgen auf einzelne Handlungen. Dadurch bekommen diese Ordnungen und die damit verbundenen Handlungen eine hohe Eigendynamik. Dieses Phänomen wird „Selbstorganisation" genannt und es erzeugt u. a. das als spontan empfundene Auftreten nicht vorhersehbarer, ungeplanter Verhaltensweisen. Diese Verhaltens- und Strukturphänomene können Stabilität, aber auch das Gegenteil, nämlich Instabilität, hervorbringen.

In einer routiniert arbeitenden Abteilung können sich beispielsweise Verhaltensmuster schlagartig ändern, wenn von den Mitarbeitenden in Erfahrung gebracht wird, dass eine Neuaufteilung oder gar eine Fusion mit einer anderen Abteilung in Planung sind. Möglicherweise verändern dann die Mitarbeitenden ihre Routinen, ohne dafür bereits eine Anforderung „von oben" erhalten zu haben. In einem raschen „Einigungsprozess" trägt jedes Mitglied vor dem Hintergrund eigener Erfahrung und den aktuellen Impulsen aus der Umwelt zur neuen Strukturbildung bei, weil diese – dann veränderte – Verhaltensweise für am ehesten geeignet gehalten wird, die eigenen Spielräume beizubehalten. Vormals klare Routinen werden möglicherweise verweigert, neue Allianzen geschmiedet, neue Identitäten gesucht, um das eigene „Überleben" oder auch das der Abteilung zu sichern. Unter Kollegen können Hinweise wie: „Wer zu spät kommt, den bestraft das Leben", kursieren. Übersetzt kann das bedeuten: Wer in dieser Situation nicht früh genug für sich sorgt, hat, was die eigene Karriere angeht, später das Nachsehen. Die Teilnehmenden dieses Prozesses interagieren dabei nach einfachen Regeln: Jeder Akteur wertet die (neue) Situation vor dem Hintergrund seiner Werte- und Kompetenzbildung und leitet dann die daraus anscheinend am besten passenden Handlungsentscheidungen ab (wie z. B. „das Überleben in der aktuellen Formation hat Vorrang" oder „Teamarbeit war gestern, heute sieht jeder, wo er bleibt"). Aus kurzfristiger Orientierungslosigkeit bis hin zum Chaos (hier am Beispiel der Information zur Fusion der Abteilungen) entsteht eine neue Ordnung, ohne dass dafür bereits ein (kommunizierter) Plan der Organisation vorliegt. So kann durch einen einzigen und in diesem Beispiel eher zufälligen Impuls die strukturelle Umgestaltung eines ganzen Beziehungsgeflechts und Wertesystems der Abteilung ins Stocken geraten oder zügig voranschreiten. Nachhaltige Wirkungen können entstehen, ohne dass darüber eine Kontrolle Einzelner besteht. Ein Beispiel ist der (sequenzielle) Qualitätsabfall in Prozessen oder Kündigungen einzelner Akteure, die in neu entstehende Ordnungen nicht einbezogen wurden. Es können aber auch stabilisierende Faktoren auftauchen, wie beispielsweise eine Qualitätssteigerung, weil gezeigt werden soll, wer gebraucht wird und wer nicht, oder einfach, weil die neue Perspektive besser zum eigenen Entwicklungswunsch passt. Kurz gesagt, es passiert etwas, ohne dass diese Entwicklung in Summe einem einzelnen Akteur zugeordnet werden kann.

Um auf einer übergeordneten Ebene diese (selbstorganisierten) Wechselwirkungen in Organisationen zu verstehen, helfen Phänomene aus der Physik als Metapher, wie z. B. die Rayleigh-Bénard-Konvektion.[38] Dieses Phänomen beschreibt, was passiert, wenn Flüssigkeit in einem Behälter erhitzt wird. Die Flüssigkeit steigt im Zentrum auf, kühlt an der Oberfläche ab und sinkt durch Verdunstung mit erhöhter Dichte am Zellenrand wieder ab. Von unten her streben die einzelnen erwärmten Flüssigkeitsteile nach oben, von oben her drücken die noch kalten Flüssigkeitsteile nach unten. Das passiert allerdings nur, wenn die Temperaturdifferenz zwischen unterer und oberer Oberfläche groß genug ist, um Auftrieb zu erzeugen. Ein sogenanntes instabiles neues Gleichgewicht entsteht. Es ist so, als befänden sich zwei Menschenmengen an einer breiten Treppe; die eine will von unten nach oben, die andere von oben nach unten. Es gibt anfangs ein heilloses Durcheinander und die Menschen behindern sich gegenseitig. Die Flüssigkeit der Rayleigh-Bénard-Konvektion löst diese Situation geschmeidiger. Sie bearbeitet das Problem, indem schlicht immer wieder neue Konfigurationen ausprobiert werden und immer wieder neue Muster entstehen, bis die Wärme am besten von unten nach oben transportiert ist.[39] Menschen im Treppenstau lösen das Problem optimalerweise, indem sie irgendwann und nicht abgesprochen die Regel „Rechts rauf, links runter" anwenden und damit den Fluss auf der Treppe sicherstellen. Im Fall der Flüssigkeit wird von Mustern oder auch sogenannten Rollensystemen (Bénard-Zellen) gesprochen, die, wenn sie ausgebildet sind, für eine Zeit stabil bleiben. Für beide Szenarien (Flüssigkeit, Menschen in Bewegung) gilt, dass die Zustände dieser sich selbst organisierenden Systeme so lange wechseln, bis ein temporär stabiles Routinesystem entsteht. Wird dieser Prozess in Organisationen durch ständig neue Herausforderungen und personelle Umstellungen gestört, kommt das System nicht zur Ruhe, weil die Akteure permanent nach passenden Ordnungen suchen müssen und damit die Energien verbrauchen, die für die Kurserreichung benötigt werden. Hermann Haken hat diese Phänomene erstmals 1962 als

---

[38] Abbildungen zum Rayleigh-Bénard-Konvektions-Phänomen lassen sich im Internet aufrufen.
[39] Haken, H. / Haken-Krell, M. (1992), S. 15 ff.

Synergetik bezeichnet. Bahnbrechend dazu war seine Interpretation des Laserprinzips als „Selbstorganisation von Nichtgleichgewichtssystemen". Die Übertragung der Zusammenhänge aus der Synergetik in die Welt der Organisationen ist gut herzustellen: Wie in der folgenden Grafik dargestellt, entsteht Ordnung innerhalb eines Bereiches durch die Makro-Ebene (Systemsteuerung) gesteuert, die mit ihren Systemparametern die Dynamiken auf der Mikro-Ebene beeinflusst und dort zu individuell geprägten Umstellungen führt.[40] Die dazwischen befindliche Meso-Ebene (Führungskräfte) steuert diese Dynamiken von oben nach unten bzw. von unten nach oben und beeinflusst sie dabei gemäß ihrer Wertekulturen, unabhängig davon, ob es sich dabei um einen Automobilkonzern, einen konfessionell geprägten Sozialdienstträger, eine staatliche oder private Bildungsorganisation oder ein Krankenhaus handelt. Mit jeder wie auch immer initiierten Organisationsform entsteht mittel- wie unmittelbar eine Werteordnung, beeinflusst von den Akteuren auf der Führungsebene. Organisationen drücken das in Leitbildern oder – kürzer zusammengefasst – auch in sogenannten „Mission"-Aussagen aus, wie z. B. „Vorsprung durch Technik", „Der Mensch im Mittelpunkt" oder „Bildung ist unsere Sache". Lesende haben unmittelbar den Eindruck, ungefähr zu wissen, welche Werteorientierungen mit den Aussagen verbunden sind. Dieses substanzielle und symbolische Organisieren steht in Wechselwirkung mit den internen (Selbst-)Organisationsprozessen. Die in Leitsätzen u. a. ausgedrückten Ziele und Werte haben Anteil am Erhalt, der Abgrenzung oder am Überleben der Identität, beispielsweise in Veränderungsprozessen. Sie sind daher auch Teil der beschriebenen selbstreferenziellen Organisationsprozesse.

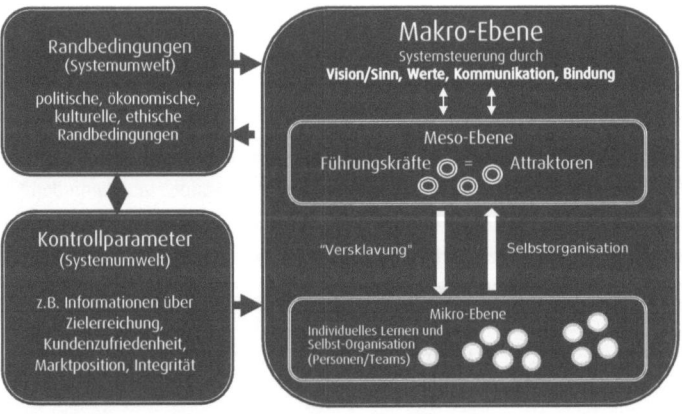

Abb. 4: Ordnungen und Selbstorganisation

---

[40] Diesen Prozess nennt Haken „Versklavung", Haken, H. (1982).

Ähnlich wie beim metaphorischen Bild der Rayleigh-Bénard-Konvektion entstehen – bestimmt durch variable Einflussgrößen oder auch Attraktoren – Routineverdichtungen, die sich in systemeigenen Kulturen manifestieren. Ein eindrückliches und aktuelles Beispiel, wie durch dieses Wechselspiel eine manifestierte Identität gravierend in Mitleidenschaft gezogen werden kann, ist „Dieselgate". Eine Kultur der (Fehler-)Angst, genährt auf der Makro-Ebene der Führung, führte offensichtlich dazu, unmoralische, wenn nicht kriminelle Vorgänge in der Motorenentwicklung zu verschweigen, und zieht damit nachhaltig die Aufmerksamkeit der Systemumwelt auf sich. In der Folge stehen nun viele Existenzen der Mikro-Ebene dieses Systems in Frage.

Auch aus dem Kontext Krankenhaus gibt es eindrückliche Beispiele. Die politische Entscheidung der verpflichtenden Einführung von diagnosebezogenen Fallgruppen (German Diagnosis Related Groups, kurz G-DRG-System). Das G-DRG (in diesem Fall eingeführt durch die Systemumwelt Politik) hat noch Jahre nach seiner Einführung gravierende Einflüsse auf die Ordnungsbildung und die damit verbundenen Strukturen. Anforderungen und ethische Abwägungen in ökonomischer bzw. medizinischer Hinsicht müssen neu bewertet werden. Für mit dem Medizinkontext nicht vertraute Leserinnen und Leser sei erklärend hinzugefügt: Die Frage nach der medizinischen Diagnose und den damit zu ermittelnden Kosten für das Krankenhaus sind den jeweiligen „Diagnosestellern" zugerechnet. Dieser Umstand löst einen gewissen wirtschaftlichen Druck und entsprechende Anpassungsbewegungen aus, da medizinische Diagnosen und Versorgung unmittelbarer als zuvor mit den Faktoren Erlös und Aufwand in Verbindung stehen. Interessanterweise blieb durch diese Intervention von außen die klassische Dreiteilung der Krankenhausorganisation im Wesentlichen unverändert, obwohl eine deutlichere Bewegung in Richtung Interdisziplinarität eine Entlastung im Umgang mit dem System bieten könnte. Um es in der Organisationssprache auszudrücken: Die selbstreferenziellen, identitätserhaltenden Elemente auf den Mikro- und Meso-Ebenen weisen offenkundig eine so hohe Stabilität auf, dass sie auch nicht mehr hilfreiche Strukturen und die damit einhergehenden Reibungsflächen erhalten. Der Druck und die Temperatur (Rayleigh-Bénard-Konvektion-Metapher) sind offensichtlich noch zu niedrig, um erleichternde Veränderungen einzuleiten.

Ein weiteres Beispiel aus dem Kontext Krankenhaus ist die so genannte „Verweiblichung der Medizin".[41] Damit wird seit Jahren nicht nur die steigende Anzahl von weiblichen Medizinstudierenden beschrieben, sondern vor allem die Personalprobleme der Medizin. Üblich ist es

---

[41] Eindrücklich nachzulesen ist diese Thematik in DIE ZEIT, Nr. 13/19. Ein Chefarzt schreibt unter dem Titel „Der große Unterschied", die Verantwortung für die massive Benachteiligung von Frauen in der Herzchirurgie und bei Führungspositionen insgesamt, den weiblichen Kolleginnen zu. Aus den bekannten Gründen wären sie nicht so einsatzbereit wie Männer, da durch Schwangerschaft, Teilzeitwünsche u. a. Planungsunsicherheiten entstünden, die wiederum ihre Nichtbeachtung im System erzeugen würden.

hierfür, die stetig steigende Zahl der Medizinerinnen verantwortlich dafür zu machen, dass neue Anforderungen in der Personalverwaltung und Dienstplangestaltung entstehen. Beispielsweise verursacht durch die geringe Bereitschaft der Akteurinnen Überstunden zu leisten, wegen familiärer Einbindung nicht auf vollen Stellen zu arbeiten, u. v. m. Für die Folgethemen und Probleme werden aber primär nicht die Organisationen, gesamtgesellschaftliche Entwicklungen wie Demografie, sozio-ökonomische Lebens- und Arbeitsverhältnisse u. a., sondern eine einzelne Gruppe, in diesem Fall Frauen, verantwortlich gemacht. Auch für dieses Beispiel liegt die Vermutung nahe, dass ggf. in den betroffenen Systemen noch nicht genügend Druck, also weiter verschärfter Personalnotstand, erreicht ist, um eine Veränderungsbereitschaft zu erzeugen.[42] Das wiederum fördert Strukturen, die ihre Energien nicht zielgerichtet auf die Anforderungen der sich transformierenden gesellschaftlichen Rahmenbedingungen und auf die Entlastung der Organisationen (hier die Entlastung der Krankenhäuser) richten, sondern auf immer weitere und neue Übergangslösungen, die weiter ineffizienten Energie- und Ressourceneinsatz fordern.

3.3 Ordnungsbildung und der Verlust von Steuerbarkeit

Im oben beschriebenen Modell wird davon ausgegangen, dass die Selbstorganisation der Systeme im Wesentlichen dazu beiträgt, dass sich nicht passende Zustände nach einer gewissen Zeit in passende Zustände umformieren. Im nun folgenden Beispiel soll es darum gehen, aufzuzeigen, dass die Selbstorganisation eines Systems vor dem Hintergrund steigender Komplexität auch Schaden anrichten kann und dadurch Teile seiner Sub-Systeme nur noch bedingt steuerbar sind. Dies zu verdeutlichen, hilft wieder ein physikalisches Phänomen, das BTW-Sandhaufen-Modell[43]. Zweck dieses Modells ist es, anhand eines Sandhaufens zu verdeutlichen, dass sich komplexe Systeme aus sich selbst heraus hin zu einem kritischen Zustand entwickeln können, in dem kleinste zusätzliche Irritationen unvorhersehbare Reaktionen auslösen und damit das ganze System in Frage stellen. Über die Metaphern zu den selbstorganisierenden Ordnungen wie Bénard-Zellen oder Treppenstau hinaus geht es hier darum zu zeigen, dass Systeme durch eine hohe Eigendynamik kritische Zustände entwickeln können und damit in Teilen kaum mehr steuerbar sind.

In DIE ZEIT, Nr. 18/2019, antwortet darauf eine Gruppe von Medizinerinnen unter dem Titel „Die Medizin wird weiblich". Anhand eines konkreten Beispiels aus einer Münchener Klinik weisen die Ärztinnen und das Autorinnenteam darauf hin, wie dort die gesamtgesellschaftlich relevanten Themen von Arbeit und Leben geschlechter-demokratisch gelöst werden.

[42] 2016 kommt auf 10 Chefarztpositionen 1 weibliche Führungskraft, der Anteil der Oberärztinnen liegt 2016 bei gut 1/3 der zu besetzenden Stellen. Vgl. BeyondHealth (2016).

[43] Eingeführt 1987 von Bak, Tang und Wiesenfeld. Siehe Bak, P. et al. (1987).

Auf einer begrenzten Grundfläche wird dafür eine Kreisfläche gebildet, auf deren Mitte sich langsam rieselnder Sand häuft. Ein Sandkegel entsteht. Durch kontinuierliche Zugabe von Sand erhöht sich die Steigung des Kegels, bis der sogenannte kritische Winkel erreicht ist. Der kritische Winkel ist von diversen Faktoren beeinflusst, wie zum Beispiel der Größe der Grundfläche, der Granularität des Sandes, der Verzahnung des Sandes, Feuchtigkeit etc. Hat die Steigung des Sandkegels den kritischen Winkel erreicht, befindet sich das System in einem instabilen Zustand und wird bei weiterer Hinzugabe von Sand eine Kettenreaktion der Sandkörner, eine Sandlawine, auslösen.[44] Die Sandlawinen haben je nach Beschaffenheit der Kettenreaktionen unterschiedlichste Größenordnungen, sie können klein, aber auch sehr groß sein.[45] Das ist nicht berechenbar. Im Falle des BTW-Modells stehen die Lawinen also für eine Form der kollektiven Musterbildung und Neuordnung von Strukturen, bei der das Verhalten bzw. die Eigenschaften der einzelnen Systemelemente nicht auf das Verhalten bzw. die Eigenschaften der anderen einzelnen Systemelemente zurückgeführt werden können. Das System wird in Teilen unkontrollierbar.

Auch dieses physikalische Phänomen lässt sich auf soziale Systeme übertragen. Fritz Simon[46] erklärt dies mit der Existenz oder Nichtexistenz der Anschlussnotwendigkeit der Kommunikation in Organisationen. Stellen die einzelnen Sandkörner die Akteure einer Organisation dar, wird unmittelbar klar, dass nur eine einzige Sache einen unkontrollierten Abgang verhindern könnte: Das ist aufeinander bezogene, also anschlussfähige Kommunikation und damit die Möglichkeit, Verbindungen zwischen dem Sinn einzelner Handlungen herzustellen. In komplexen sozialen Systemen wird diese Anschlussfähigkeit von Kommunikation insbesondere durch Erwartungsstrukturen und -haltungen ermöglicht, die wiederum auf den jeweiligen Erfahrungswerten und Wertehaltungen der einzelnen Akteure beruhen. Der Lawinenabgang steht also für die nicht gesteuerte Selbstorganisation eines Systems aufgrund entkoppelter Kommunikation der Akteure. Möske vergleicht diese Kommunikationsentkopplung mit unterbrochenen „Handlungsketten", verstanden als die Verzahnung von Handlungen, die über ausgetauschte Kommunikation entstehen, um ein bestimmtes übergeordnetes Ziel zu erreichen.[47] Welche Faktoren führen aber nun dazu, dass in Organisationen der Anschluss der Kommunikation verloren geht und „Abgänge", also der Verlust von Steuerbarkeit, drohen? Oder andersherum: Welche Faktoren begünstigen eine anschlussfähige Kommunikation, die stabile Handlungsketten bewirkt?

---

[44] Dittes, F. M. (2012); Watkins, N. W. et al. (2016), zitiert in: Möske, R. (2016), S. 11.
[45] Bak, P. et al. (1987); Bak, P. / Paczuski, M. (1995), zitiert in: Möske, R. (2016), S. 11.
[46] Simon, F. (2013).
[47] Möske, R. (2016), S. 18.

3.4 Transformation von Ordnungen durch Kommunikation

Der theoretische Bogen beschreibt bis hierher den Zusammenhang von Führungsverhalten und dessen Wirksamkeit in Organisationen mit Blick auf die Wertebildung sowie das Phänomen der Selbstorganisation von Systemen verbunden mit dem Aspekt ihrer Steuerbarkeit. Für das Führungsverhalten einerseits wie die Selbstorganisation andererseits gilt, dass Kommunikation als Produzentin oder auch als Schmierstoff für die Handlungsketten gelten kann. Ohne Kommunikation keine Handlungsketten und keine Selbstorganisation. So liegt nahe, die Kommunikation nun selbst ins Zentrum der Aufmerksamkeit zu rücken und vor allem der Frage nachzugehen, welche Kommunikation benötigt wird, um in Organisationen Stabilität zu erzeugen.

Zur Veranschaulichung folgt auch hier zunächst ein abstraktes Modell, das „Minimalmodell sozialer Systeme"[48] von Kurt Ludewig, welches die Funktionsweise der Kommunikation zur Entstehung von stabilen Ordnungsstrukturen erklärt. Der Autor denkt dafür Menschen als Mitglieder von Vereinen (= Systemen). Menschen können gleichzeitig Mitglied in einem Familiensystem, einem Berufssystem, einem entsprechenden Subsystem (z. B. der Verwaltung eines Krankenhauses, der Marketingabteilung eines Konzerns u. a.) und einem Sportclub sein. Jeder dieser Vereine erfordert spezifische Bedingungen gemäß dem Vereinszweck. Jede Mitgliedschaft erfordert demnach spezielle Verhaltensweisen, orientiert an klaren Regeln und wünschenswerten Wertehaltungen. Die Mitglieder erzeugen mit ihrer spezifisch geprägten Kommunikation (ggf. auch über Berufsbekleidung, Uniformen, Trikots oder bestimmte Trendmode) eine Sinngrenze, die diesen Verein von seiner Umwelt unterscheidbar macht. So wird im Krankenhaus im übertragenen Sinne das Mitglied eines „Verwaltungs-Vereins" selten gleichzeitig Mitglied eines „Mediziner-Vereins" sein und beide Mitglieder selten Mitglied in einem „Pflegekraft-Verein" etc. Ähnliches kann derzeit in den anstehenden Transformationsprozessen der Automobilindustrie beobachtet werden. Mitglieder eines traditionellen „Maschinenbau-Vereins" können sich nur schwer eine Mitgliedschaft in den zunehmend bedeutsamer werdenden „IT-Vereinen" zur Elektromobilität vorstellen. Sinngebung, Sprachen und Verhaltenskodexe fühlen sich fremd an.

Mitglied in einem Verein zu sein, bedeutet offensichtlich, gewisse Normen, Regelwerke und damit auch Sprachcodes zu akzeptieren, um vereinskompatibel zu sein.

---

[48] Ludewig, K. (1992).

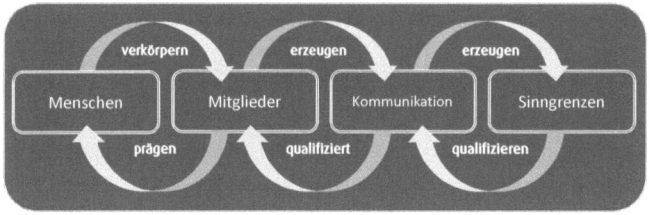

Abb. 5: Minimalmodell sozialer Systeme[49]

Das Modell beschreibt also die kommunikativen Dynamiken zwischen Individuen, die bedingt durch die Wechselwirkungen des Handelns Bezugsgruppen mit eigener Kultur, eigenem Wertesystem und naturgemäß eigenen Erwartungshaltungen entstehen lassen. Bei längerer, stimmiger Mitgliedschaft oder Gruppenzugehörigkeit werden bestimmte Muster übernommen und die einzelnen Gruppenmitglieder erfahren dadurch selbst eine gewisse Prägung, die sie wiederum selbst zu unverwechselbaren Angehörigen der Gruppe machen. Auch in diesem Modell ist also das Fazit, dass Ordnungsstrukturen über Kommunikation erzeugt werden und andersherum, Ordnungsstrukturen selbst sinngebende Kommunikation (worüber redet wer mit wem wie und warum) generieren.

Für Möske[50] erhöhen, ähnlich wie in Ludewigs Minimalmodell sozialer Systeme, ähnliche Erwartungsstrukturen der Akteure die Wahrscheinlichkeit, dass die Kommunikation anschlussfähig ist. Es lässt sich einfacher miteinander sprechen, wenn Ähnliches zu erwarten ist. Ähnliche Erwartungsstrukturen begünstigen daher Koppelungen, also das Ineinandergreifen von Handlungsketten und somit den Fortbestand und die Stabilität der gesamten Organisation. Gestört werden diese Erwartungsstrukturen und Handlungsketten dann, wenn wie im Beispiel der Metapher des BTW-Sandhaufens, der Druck zu groß wird und Kommunikationsstränge abreißen. In den Organisationsalltag übersetzt meint das, dass beispielsweise bedingt durch permanente Veränderungsanforderungen der Druck auf die Mitarbeitenden so groß wird, dass diese mit Arbeitsausfällen, Leistungsabfall durch sogenannte „innere Kündigung", Qualitätsabfall, ständige Reibereien über Grundsatzfragen, fehlende Kommunikation zur Prozesssicherheit u. a. reagieren. Abgänge – häufig gerade des qualifizierten und zuvor stabilisierenden Personals – führen zu weiterem Qualitäts- und Orientierungsverlust.

---

[49] Ludewig, K. (1992).
[50] Möske, R. (2016), S. 19.

Unter anderem die jährlichen Berichte der Krankenkassen sind Hinweise darauf, dass die Belastungen in den Unternehmen (übersetzt meint das die misslungenen Transformationsprozesse) psychosomatische Symptome und Zustände fördern, die zu Arbeitsausfällen führen. Ergänzend dazu zeigt das Gallup Institut in seinem „Engagement Index Deutschland 2018", dass von 100 befragten Beschäftigten 15 Personen eine hohe, aber demgegenüber 71 Personen eine geringe emotionale Bindung zu ihrem Unternehmen entwickeln. 14 von 100 Befragten (das sind hochgerechnet 5,14 Millionen Personen) gaben sogar an, gar keine Bindung zu ihrem Unternehmen zu empfinden.[51] Die volkswirtschaftlichen Kosten aufgrund von innerer Kündigung und damit einhergehendem Leistungsabfall sollen sich im Jahr 2018 auf eine Summe zwischen 77 und 103 Milliarden Euro belaufen. Krankenstände (in den Krankenkassenberichten von 2018 rangieren derzeit vor den psychischen Ausfällen die Rückenleiden auf Platz 1) und geringe emotionale Bindungen sind für Unternehmen im Sinne des Sandhaufen-Modells kritische Faktoren, die einen Lawinenabgang begünstigen können. Im Sinne des Ludewig-Modells ist mit Blick auf die innere Kündigung und die geringe emotionale Bindung davon auszugehen, dass die Anschlussfähigkeit der Kommunikation innerhalb der Handlungsketten zumindest als gestört gelten muss.

Führungskräfte sind das impulsgebende Steuerungselement dieser Vorgänge. Von dort eingeleitete Anpassungs- und Transformationsprozesse führen aufgrund der systemischen Wechselwirkungen zu den (temporär) auftretenden Störungen oder auch zu Stabilität. Speziell in den Phasen anstehender Transformationsprozesse sind die strukturellen Routinen daher ebenso im Auge zu behalten wie die sich ggf. in Unruhe und Neuausrichtung befindlichen Wertehaltungen der Akteure. Für diese Abstimmungs- und Anpassungsprozesse bedarf die zu ordnende Wertebildung besonderer Aufmerksamkeit, da sich das Leistungsverhalten und vor allem die Bindungsbereitschaft der Akteure danach ausrichten.

Die Leistungsformel L = K + W + D (Leistung ist Können plus Wollen plus Dürfen) ist daher um einen weiteren wichtigen Aspekt zu ergänzen, nämlich die Wertehaltung. Leistung ist dann die Summe von Können, Wollen, Dürfen und Haltung. Gebraucht werden dafür Organisationsformen und vor allem Führungshandeln, welches fähig ist, Organisationsstrukturen nachhaltig mit Wertehaltungen zu verknüpfen. Kommunikation ist dafür das zentrale Mittel. Die Notwendigkeit, Ziele und Handlungen an ethischen Werten auszurichten, darüber nicht zu schweigen und, mehr noch, die Kommunikation darüber in Strukturen einzubinden, erfordert von Füh-

---

[51] Gallup Institut (2018).

rungskräften ein an Kommunikation, Kooperation und Transparenz ausgerichtetes Grundverständnis. Die Annahme, dass hierfür besonders manche Führungsverhalten, wie beispielsweise der als agil[52] bezeichnete Führungsstil, per se im Vorteil wären, könnte sich in der Realität der Organisationen ggf. als vorschnell erweisen. Denn gerade diese Stile gehen von enormen Kommunikationsressourcen aus, die aber zunächst nicht für einen ethischen Werteabgleich vorgehalten werden, sondern im Wesentlichen für die alltäglichen Prozessabläufe und die immer wieder neu zu verhandelnden Zieldefinitionen. Nowotny[53] verweist darauf, dass die Achillesferse bei der Einführung agiler Projekte „ohne Zweifel die Unternehmenskultur" sei. Bleibt also die Frage danach, wie Strukturen und Ordnungen geschaffen werden können, die vor allem ethisches Führungshandeln begünstigen und zugleich Organisationen stabil steuern. Im folgenden Abschnitt werden als Lösungsidee dazu die von Dirk Baecker eingebrachten Regeln einer wirtschaftlich effizienten Unternehmenskultur erweitert und umformuliert.

3.5 Ordnungsbildung durch Führungskultur

Ob Chemieindustrie, Krankenhaus oder Bildungseinrichtung – die Voraussetzung für die Zukunftsfähigkeit von Unternehmen unter den beschriebenen Bedingungen zunehmender Komplexität benötigt Menschen, die in der Lage sind, über die Grenzen der eigenen Arbeitsprozesse hinaus zu fühlen, zu denken und zu handeln. Die einzelnen Akteure und Systeme müssen dazu ihre „Vereinsgrenzen" überschreiten (dürfen). Führung muss dazu ermutigen, befähigen und unterstützen, das gemeinsame Ziel und die damit einhergehenden Werteorientierungen und Handlungsoptionen vermitteln. Ohne eine aktive Förderung und Strukturierung einer reflektierten ethischen Führungshaltung ist dies nicht möglich. Unternehmen, die diese Strukturierung verpassen, können mit einem vierrädrigen Fahrzeug verglichen werden, dem ein Reifen fehlt: Es kommt zwar irgendwie voran, ist aber weder ökonomisch effektiv noch sieht es gut aus.

Die metaphorischen Übertragungen aus Rayleigh-Bénard-Konvektion, BTW-Sandhaufen-Modell oder dem Minimalmodells sozialer Systeme sollen helfen, die in der Praxis relevanten Faktoren von Ordnungs- und Strukturbildung, die Schwellenwerte (wann droht etwas außer Kontrolle zu geraten) und die Relevanz der kommunikativen Handlungsketten zu erkennen. Die Modelle vermitteln auch eine Idee davon, was die Ursachen der in der Praxis zu beobachtenden Erschöpfungsdynamiken und der geringen emotionalen Bindung sein könnten. Sie geben aber

---

[52] Mit Blick auf die letzten Jahre kann ergänzend u. a. der so benannte VUCA-Stil, was für volatil, ungewiss, komplex und ambigious, also mehrdeutig, steht, genannt werden. Oder auch das Digital Leadership, welche für das digitalisierte Umfeld, die digitalen Mittel wie die Mittel und Fähigkeiten des kollaborativen Arbeitens steht. Siehe dazu u. a. Mahlmann, R. (2019), S. 155 ff.
[53] Nowotny, V. (2016).

noch keine Antwort auf die Frage, was zu tun ist, um über kulturell verankerte ethische Führungsprinzipien ökonomische Anforderungen mit ethischem Verhalten der Führungskräfte zu verbinden. In Anlehnung an Dirk Baecker[54] werden dafür seine „Drei Regeln einer wirtschaftlich effizienten Unternehmenskultur" in drei Anforderungen zur Ordnungsbildung von ethischen Führungsprinzipien umformuliert:

1. Die Logik des Unternehmens muss einfach sein.
2. Das Unternehmen muss Wert auf Autonomie legen.
3. Das Unternehmen muss so viel Führung wie möglich auf die Ebene der Kultur verlagern.

Zur Einfachheit

Die Steuerung eines Unternehmens erfordert eine permanente Reduzierung der Komplexität und eine Überschaubarkeit der sich entwickelnden Werteströmungen, sodass Unvorhersehbares eingegrenzt werden kann. Als komplex gelten Organisationen dann, wenn unter den beteiligten Akteuren vielfältige und nicht ohne Weiteres überschaubare Beziehungen und Wechselwirkungen bestehen. Das ist der Fall, wenn die Interaktionen aufgrund des Eigenverhaltens der Beteiligten nur sehr begrenzt vorhersehbar sind und wenn aus der Summe aller Verhaltensweisen ein Gesamtergebnis entsteht, das keine Rückschlüsse mehr auf das Verhalten Einzelner zulässt.[55]

Dem britischen Psychiater und Kybernetiker William Ross Ashby verdanken wir seit 1970 Ashby's Law. Dieses Gesetz zeigt sinngemäß, dass die Handlungsvarietät[56] eines Steuerungssystems mindestens so groß sein muss wie die Dichte der auftretenden Störungen aus der Umwelt, damit es die Steuerung ausführen kann. Je größer demnach die Varietät eines Systems im Hinblick auf die veränderten Umweltbedingungen ist, desto besser kann es die Varietät seiner Umwelt durch die eigene Steuerung verarbeiten. Bei der konstanten Zunahme komplexer Wechselwirkungen sind Organisationen gezwungen zu überprüfen, ob ihre inneren Verfasstheiten, Routineabläufe und Wertekulturen sich adäquat zur Anforderung der Umwelt entwickeln, um so die Anschlussfähigkeit zu erhalten. Komplexe Anforderungen von außen benötigen also adäquate miteinander funktionierende interne Bearbeitungsroutinen, die Unsicherheiten einbeziehen und sich bei verändernden Bedingungen rasch variabel und effizient zeigen. Der Aufbau neuer beziehungsweise der Abbau nicht mehr funktionierender Routinen muss in diesem Sinne eingeplant werden, um eine gewisse Übersicht zu behalten. Dazu bedarf es einer entsprechend beweglichen Führung, die es versteht, ihre Belegschaft einzubeziehen und entsprechend zu qualifizieren.

---

[54] Baecker, D. (2016), S. 198. Dirk Baecker greift dafür auf den französischen Soziologen Michel Crozier zurück.
[55] Rüegg-Stürm, J. (2003), S. 18.
[56] Damit ist die Zunahme an Wirk-, Handlungs-, und Kommunikationsmöglichkeiten gemeint.

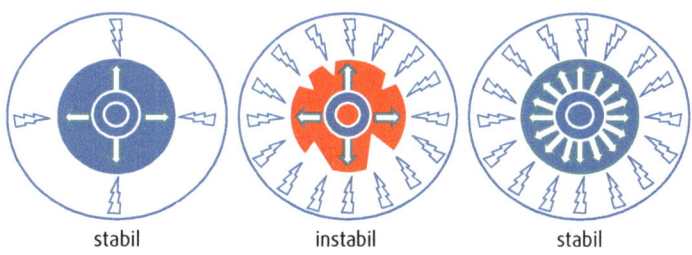

stabil   instabil   stabil

Abb. 6: Transformation innerer Zustände zur Herstellung eines Innen- und Außenverhältnisses in Zeiten zuneh-
mender Komplexität

Der hierarchische Verbund der Führungsebenen einer Organisation bildet vor diesem Hintergrund das Steuerungssystem, welches Transformation unter komplexen Rahmenbedingungen
zum Erfolg führt. Anpassungs- und Transformationsprozesse führen aufgrund der systemischen
Wechselwirkungen zu Störungen, wenn Innen auf Außen keinen angemessenen Bezug nehmen
kann. Hauptgrund: Die Unsicherheiten beim internen Umbau von Routinen werden selten re-
flektiert, Misslungenes und Gelungenes nicht voneinander getrennt, um Lehren daraus zu zie-
hen. Eigenwillige und dazu noch intransparente Vorstellungen von Führungskräften werden
nicht hinterfragt, weil entweder die Zeit oder der Mut fehlt. Fehlende Kursangaben werden
hingenommen und „ungefähr" umgesetzt, in der Hoffnung, dass es irgendwie passt. Ursachen
und Wirkungen können nicht mehr zugeordnet werden. Die Summe aller Verhaltensweisen
lässt auf die einzelne Handlung keinen Rückschluss mehr zu.

Analog zur Zunahme komplexer Umweltbedingungen bedarf es, wie in der obigen Grafik dargestellt, eines entsprechend wachsenden Vorrats an Handlungs- und Kommunikationsmöglichkeiten.[57] Baecker identifiziert als Problemursache, dass unsere gegenwärtigen Unternehmens-
organisationen vom Menschen abstrahieren, „um die Funktion der Organisation möglichst logisch und widerspruchsfrei zu formulieren (…)". Der Mensch würde dann im Nachhinein mit
Hilfe von Stellenbeschreibungen und Personalentwicklungsmaßnahmen in die Funktionen wieder eingebaut. „Dann muss man sich allerdings auch nicht wundern, dass er seine Rechenleis-
tung darauf beschränkt, sich sein Schicksal in der jeweiligen Organisation auszurechnen und
an der Sicherstellung und Verbesserung seiner Aussichten zu arbeiten."[58] Soll sich das ändern,

---

[57] Crozier ist der Ansicht, dass Menschen dazu die einfachste Struktur sind, die wir kennen, die in der Lage ist,
Komplexität zu verarbeiten. „Vielleicht werden wir es nie herausfinden, wie wir das schaffen, aber schon die
Differenz zwischen hoher Bewusstseinskomplexität und hoher Sozialkomplexität, die wir täglich bewältigen
und laufend neu schaffen, bestätigt, dass wir die besten ‚Rechner' sind, die wir haben – bis auf weiteres werden
uns die Proponenten einer künstlichen Intelligenz entgegenhalten." In: Baecker, D. (2016), S. 201.
[58] Baecker, D. ebd., S. 203.

schlägt er (Crozier) vor, den Menschen und seinen Einfallsreichtum als Ausgangspunkt der Organisation zu identifizieren und in die Herstellung von Überschaubarkeit einzubeziehen. Da aber der Mensch und sein Einfallsreichtum geprägt sind von mehr oder weniger bewussten ethischen Prinzipien, wäre es hilfreich, diese Prinzipien als Teil der Komplexität aufzudecken und mitzudenken. Gelingt dies nicht, werden Leistungen (Wollen, Können, Dürfen, Haltung) dem Unternehmen nicht vorbehaltlos zur Verfügung gestellt oder wohlkalkuliert für sich behalten.

Damit entsteht die erste Anforderung:

Sorge für das Einfache (das Überschaubare) und für genügend Raum, um den Einfallsreichtum (das Wollen, Können, Dürfen und die Haltung) der Mitarbeitenden für das Zukünftige anzuregen und einzubeziehen. Berücksichtige, dass Einfallsreichtum mit moralischen Erwägungen verknüpft ist. Verankere die moralischen Implikationen in der ökonomisch orientierten Entwicklung des Unternehmens, damit sie kein Eigenleben führen, sondern zum wirtschaftlichen Erfolg, zur effizienten Unternehmensführung beitragen (können).

Zur Autonomie

Während es einzelnen Akteuren aus persönlicher Sicht um die weitgehende Aufrechterhaltung ihrer Autonomie und damit entsprechender Handlungsspielräume geht, geht es der Unternehmensspitze vor allem um die Sicherstellung des Zugriffs auf sämtliche Abläufe, die Einhaltung bzw. Transformation von Regeln und Routinen und damit um die Umsetzung ihrer Vorstellungen von der Zukunft. Crozier sieht die Auflösung dieses Widerspruchs darin, die Bedienung des Kunden kompromisslos in den Mittelpunkt des Interesses zu rücken und alles zu unterlassen, was dieser Bedienung im Wege steht. Denn, so interpretiert Baecker diese Idee, autonom ist das Unternehmen und ist jeder Akteur im Unternehmen dann, wenn jeder weiß, für welchen Kunden wie gearbeitet wird. „Der Verweis auf den Kunden verselbstständigt die Einheiten des Unternehmens gegeneinander, ohne dass sie deswegen unkontrollierbar würden. Denn mit dem Blick auf den Kunden kontrollieren sich diese Einheiten selbst, und dies sicherer und einfallsreicher, als es jede Kontrollinstanz durch die Spitze tun könnte."[59] Selbstverständlich kann ein Kunde auch ein interner Kunde sein, wie zum Beispiel derjenige, der in einer Logistikkette in der Produktion die Vorarbeiten seiner geschätzten Kollegen übernimmt, um diese im gemeinsamen Geiste weiterzuführen oder zum Abschluss zu bringen oder derjenige, der eine medizinische Erkenntnis zum Wohle eines Patienten weiterleitet. Es geht prinzipiell darum, dass im Unternehmen nichts geschieht, was nicht einem Kunden respektive einem Patienten und damit

---

[59] Ebd., S. 205.

dem eigentlichen Ziel des Unternehmens dient. Es klingt banal, ist aber so gemeint, wenn die entsprechende Herangehensweise lautet: Richte das Führungshandeln zuallererst auf die Bedürfnisse der Kunden aus und überprüfe, ob alle Prozesse und – das sei hier besonders betont – alle Werteorientierungen der Organisation ebenso auf die Bedarfe der Kunden ausgerichtet sind.

Übertragen auf eine strukturierte Entwicklung von Führungsethik im Unternehmen bedeutet das, dass die funktional unterschiedlich ausgerichteten Bereiche eines Unternehmens eine Meta-Ebene benötigen, auf der die gemeinsamen Ziele und Wertekulturen (immer wieder neu) ausgehandelt und festgelegt werden. Damit dieser Prozess im Sinne der kommunikativen Handlungsketten nicht abbricht, braucht es einen auf lange Sicht angelegten Diskurs über die ökonomische Ausrichtung sowie die Unternehmenswerte, um eine ökonomisch-ethische Laufruhe auf vier Rädern zu erzeugen. Ein aktuelles und eindringliches Beispiel dafür, welche Dynamiken im Bild des Sandhaufen-Modells in Gang kommen können, wenn genau dieser ökonomisch-ethische Diskurs abbricht bzw. ignoriert wird, zeigt derzeit der Bayer-Konzern, der durch die Übernahme von Monsanto in eine wirtschaftliche Schieflage geraten ist.[60] Bei der Übernahme hatte es zwar Widerstand unter der Mitarbeiterschaft gegeben, letztendlich folgte die ausschlaggebende Führungsebene jedoch den vermuteten lukrativen wirtschaftlichen Aussichten, ohne das subtile moralische Unbehagen in die Waagschale zu werfen, das im gesamten Unternehmen zu spüren war. Das Selbstverständnis von Bayer als einem „anständigen" Unternehmen musste einer möglicherweise besseren Marktposition in der Zukunft weichen. Richten sich die Akteure der Führungsebene nicht strukturell verankert auch auf die Verknüpfung ökonomisch-ethischer Fragestellungen aus, besteht das Risiko, den Anschluss an das Hauptinteresse aller am Unternehmen Interessierten zu verlieren und damit das Überleben im Markt zu gefährden. Daher lautet die zweite Anforderung:

Überprüfe bei jeder Entscheidung, ob die Unternehmensethik gewahrt bleibt, und sei im Zweifel so mutig, einen Diskurs über neu auszuhandelnde Werte zu initiieren.

Zur Kultur

Unternehmenskulturen können wirtschaftlich nur dann Effizienz bewirken, wenn sie sich im Wesentlichen von selbst verstehen. Baecker nennt das „das Selbstverständnis"[61] eines Unter-

---

[60] Das DAX-Schwergewicht Bayer hat derzeit fast die Hälfte seines vorherigen Wertes verloren, weil es mit Monsanto ein Unternehmen gekauft hat, das aufgrund seiner für hiesige Verhältnisse unethischen Geschäftspolitik für den neuen Besitzer Bayer allein in den USA zu mehr als 13.000 Schadensersatzklagen geführt hat. Siehe: APP DLF, Kurznachrichtendienst online (Die Nachrichten): 26.04.2019.
[61] Baecker, D. (2016), S. 208

nehmens, welches Eintretenden sofort klar wird, ohne der Heldengeschichten des Unternehmens zu bedürfen. Alte wie neue Akteure benötigen daher die Fähigkeit des Zuhörens, weniger des Hinschauens. Durch das Zuhören über die Ansichten der anderen kann die Organisation verstanden werden, beim Hinschauen jedoch wird ggf. der eigene Blick bestätigt. Wer zuhört, lernt das Netzwerk, indem er oder sie sich bewegt, „aus einer anderen Perspektive kennen und wird feststellen, dass das scheinbar selbe Netzwerk aus jeder Perspektive ein anderes ist."[62] So könnte eine Führungskraft feststellen, dass es nachvollziehbare, aus anderer Sicht begründbare Dynamiken um sie herum gibt, die ihre Entscheidungsoptionen erweitern würden. Gleichzeitig wäre damit verbunden, dass sie mit der Mitarbeiterschaft eine stabile Wertebasis entwickeln müsste, die im Sinne der autonomen, am Kunden ausgerichteten Handlungsketten ihre Werte (Routinen) sowohl stabil hält als auch immer wieder in Frage stellt. Dafür bereitstehende Strukturen können bewirken, dass eine Führungskraft aktiv zuhört, um die Differenz von ökonomisch-ethischen Kursvorgaben der Unternehmenssteuerung zu anderen, kulturell unterschiedlich entwickelten Bereichen des Unternehmens zur Kenntnis zu nehmen und zu vergleichen. „Kultur wird demnach implizit und beruht auf der Fähigkeit, sich als Produzent oder als Konsument mit anderen Produzenten und Konsumenten vergleichen zu können und auf der Basis dieses Vergleiches seinen Wert einzuschätzen."[63] Dies gilt selbstverständlich auch für den in „wirtschaftlichen" Handlungen implizierten moralischen Wert, der in der Summe zu einer ethisch geprägten Unternehmensidentität beiträgt. Hierbei ist häufig die Bewertung Außenstehender (z. B. der Börse) gravierender als die Bewertung interner Außenseiter – ganz so wie in der Gesamtschau bei Bayer ein offensichtlich die Ethik nicht berücksichtigender Entschluss Einzelner aus etwas „Gutem" etwas „Unmoralisches" macht und sich gleichzeitig als wirtschaftlich nachteilig erweist, dadurch den Börsenwert so gut wie halbiert und damit die Existenz gefährdet.

Die dritte Anforderung lautet daher:

Schaffe immer wieder identitätsstiftende Räume, in denen alle Akteure sich über sich selbst und das Unternehmen vergewissern können. Sorge dafür, dass ein Abweichen der jeweils eigenen Werteorientierung von der Werteorientierung des Unternehmens nicht verschwiegen wird, sorge für das „ethische Sprechen" als ökonomisch-kultureigenes Moment.

---

[62] Ebd.
[63] Ebd., S. 209

4 Ethisches Führungsverhalten in der Praxis: Das komplexe System Krankenhaus

Das Gesundheitssystem lebt seit vielen Jahren mit den Anforderungen an Wandel und Transformation und den damit verbundenen Diskussionen über „den richtigen" Weg. Es gilt vor allem als sehr teuer und weniger als effizient. Die Versuche, es insgesamt ökonomisch und insbesondere medizinisch angemessen zu verändern, wird von einem Schlagwort geprägt, das aus der Bankenkrise 2008 stammt. Es lautet: Systemrelevanz. Die AOK-Führung stellte dazu Ende 2018 fest, dass „jede vierte Klinik in Deutschland geschlossen werden" könnte, wenn das Überleben der anderen gesichert sein soll.[64] Die Unternehmensberatung PwC ergänzt diese Einschätzung mit dem Hinweis, dass nur „systemrelevante" Kliniken vor der Schließung zu schützen seien.[65]

Strategische Überlegungen und daraus abgeleitetes Führungshandeln sind in Krankenhäusern also mit vielen „Wenns" und „Abers" und weiter zunehmendem Handlungsdruck versehen. Entwicklungen können häufig aufgrund der Komplexität nur „ungefähr" abgeschätzt, kaum aber sicher vorhergesagt werden. EBITA-Werte[66], Einsparungen von Personal und Material, Fusionen, Zusammenlegungen von Abteilungen, Personalmangel, offene Stellen, erhöhte Personalfluktuation und daraus entstehende Improvisationen: Im individuellen Erleben der Akteure, egal auf welcher Ebene, vermischen sich eigene Verunsicherungen mit immer neuen zusätzlichen Anforderungen und Routineveränderungen, wie z. B. zur Datensicherheit, zu Leistungsstandards der Qualitätssicherung, der Technik, der Hygiene. Der erlebte Verlust medizinisch-ethischer Werteprinzipien[67] zugunsten der Ökonomie ist vielerorts Teil des Alltags und der dauernde Ab- und Ausgleich mit den persönlichen Wertevorstellungen ist zu einer eigenständigen Leistung geworden. Zudem sehen sich Führungskräfte in Krankenhäusern der Situation gegenüber, auch mit fachfremden Aufgaben betraut zu sein, für die sie selbst keine ausreichenden Kompetenzen vorweisen oder empfinden. Dazu zählen Kompetenzen in Personalführung, Leistungsbeurteilung, (wertschätzender) Gesprächsführung, dem Erstellen

---

[64] Der Kassen-Manager und AOK-Chef Martin Litsch resümierte im Dezember 2018: Jede vierte Klinik in Deutschland sei überflüssig und könne geschlossen werden. Kurz zuvor hatten bereits führende Ökonomen gefordert, Krankenhäuser zu schließen. Vgl. Kaiser, T. (2019).
[65] Ebd.
[66] EBITA ist die Abkürzung für „Earnings before Interests, Taxes and Amortisation", also das „Ergebnis vor Zinsen, Steuern und Abschreibungen auf immaterielle Vermögensgegenstände des Anlagevermögens (d. h. nicht die Abschreibungen auf Sachanlagen). Vgl. Welt der BWL (2019).
[67] Beispielsweise bei Beauchamp, T. L. / Childress, J. F. (2012).

der schon erwähnten „Verursachungsgerechten Kostenträgerrechnungen" etc. Darüber hinaus ist ein Engpass an Ressourcen zu bewältigen, denn auf dem Personalmarkt hält der Wettbewerb um besonders gut qualifizierte Mitarbeiterinnen und Mitarbeiter an. Dies betrifft das gesamte Krankenhauspersonal, insbesondere aber die Suche nach qualifiziertem Führungspersonal. Auswahl und Kompromisslösungen binden Zeit. Gleichzeitig fordern die sozialen Foren des Internets ihre Aufmerksamkeit im Wettbewerb um gute Patientenempfehlungen. Patienten wollen inzwischen genau wissen, worauf sie sich einlassen. Behandlungsfehler, Überlastung oder fehlendes Personal und Würdelosigkeit bleiben durch Chat-Foren etc. nicht mehr verborgen.

Ein komplexeres und zugleich moralisch verwundbareres System als das Krankenhaus ist schwer vorstellbar. Die Unmittelbarkeit, mit der die vielfältigen und allein nicht mehr zu überschauenden Wirkungszusammenhänge ausgehalten und bearbeitet werden müssen, führt zu enormem Energieverbrauch der einzelnen Akteure. Für die Führungskräfte geht damit einher, dass sie sich für ein System, für Ordnungsstrukturen und Handlungsketten verantwortlich zeichnen müssen, für welche sie selbst nur eingeschränkte bis gar keine Steuerungshoheit haben. Denn das aufgezeigte Verhältnis von Struktur und Handlung, im Sinne einer sich wechselseitig bedingenden (Werte-)Dualität, ist im hohen Maße von Systemelementen abhängig, die außerhalb der eigentlichen Organisation liegen und dennoch größten Einfluss auf die Organisation wie das eigene Handeln haben. Vor diesem Hintergrund ist es nicht selbstverständlich, eigene Steuerungsoptionen zu erkennen und nutzen zu können.

4.1 Theorie in Führungshandeln überführen

Vor dem Hintergrund der Theoriemodelle und der drei Anforderungen zum Aufbau eines ethisch geprägten Führungshandelns ist nun der Praxistransfer herzustellen. Damit ist die Frage verbunden, welches Tun genau helfen kann, die Energien der einzelnen Akteure zu schonen, damit die Organisation zu stabilisieren und zugleich eine an explizit ethischen Werten orientierte Unternehmensführung zum Wohle der Gesamtorganisation zu fördern.

Die drei Anforderungen zum Aufbau eines ethisch geprägten Führungshandelns sollen für diesem Praxiskontext als „energieschonendes Führungshandeln" übersetzt werden: Energieschonendes Handeln meint dann, dass Führungskräfte dafür Sorge tragen, die Organisation in ein „ethisches Sprechen" zu führen. Welche Ethik ist gewollt, was bedeutet das genau für den Alltag der Akteure, was ist machbar, was begrenzt? Welche ethische Kultur soll gelebt werden?

Die Anschlussfähigkeit und der Erfolg der sich daraus ergebenden Handlungsketten sind ma111ßgeblich davon abhängig, ob ethische Orientierungen durch die Organisationsspitze als impliziter Kern des ökonomischen Handelns begriffen werden. Vier Orientierungsfragen helfen Führungskräften und „ihrer" Organisation, Führung als kulturellen, werteorientierten Bestandteil gemeinsam zu verfolgen und bereits damit den Energie- und Ressourcenhaushalt aller Beteiligten zu schonen:

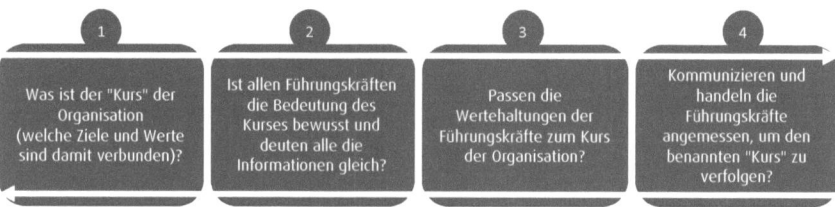

Abb. 7: Die vier Orientierungsfragen zur Werteorientierung und ihrer Anbindung an die Organisation

Der energie- und ressourcenschonende Effekt ergibt sich insbesondere daraus, dass weniger individuelle Ausgleichshandlungen erbracht werden müssen zwischen dem, was stimmig, und dem, was nicht stimmig ist, zwischen offiziell Gewolltem, aber ggf. in der Praxis nicht Umsetzbarem usw. Prämissen, Zuordnungen von Verantwortlichkeiten, Ungelöstes u. a. können klar benannt und müssen nicht situativ und individuell kompensiert werden.

Die Anforderungen zur Einfachheit und Autonomie stellen vor allem die Kundenorientierung in den Mittelpunkt. Für den Krankenhauskontext kann dies neben der Notwendigkeit einer detaillierten Prozesskenntnis über den Workflow[68], ein Hinweis auf die Stärkung von Interdisziplinarität und Kompetenzvernetzung sein. Die Verbindung der drei Aspekte Workflow, Interdisziplinarität und Kompetenzvernetzung, leben von Kommunikation und den daraus folgenden Handlungsketten. Kommunikation als Schmierstoff der Anschlussfähigkeit muss daher ins Zentrum der Aufmerksamkeit gerückt werden. Es gilt, die drei großen Funktionsbereiche des Krankenhauses -Ärzteschaft & Funktionspersonal, Pflege und Verwaltung- über Kommunikation so miteinander zu verbinden, dass daraus an gemeinsamen Werten organisierte und funktionierende Abläufe entstehen können.

---

[68] Workflows zielen auf die Frage, wie die Arbeit „fließt", und werden definiert als strukturierter Ablaufprozess, der zeitlich, inhaltlich sowie logisch aufeinander aufbauende Arbeitsschritte festlegt. Wer tut was wann und wie und wer arbeitet anschließend damit weiter? Workflow wird in der Qualitätsmanagementliteratur auch synonym mit Prozessmanagement verwendet. Vgl. u. a.: t2informatik (2019).

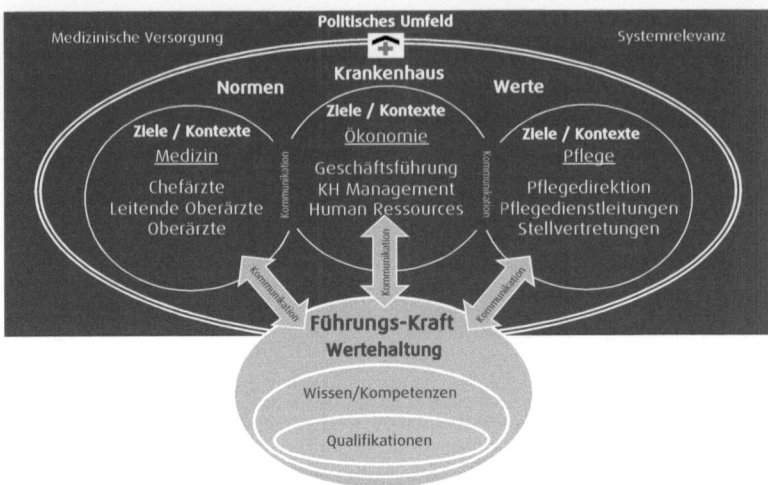

Abb. 8: Führung im komplexen System Krankenhaus

Die komplexen Wirkungszusammenhänge sind nicht mehr allein auf einzelnen Ebenen, nicht mehr aus singulären Perspektiven oder durch einzelne Fachbereiche zu erfassen. Die Organisation Krankenhaus ist in besonders dringlicher Weise auf Interdisziplinarität und Kompetenzvernetzung angewiesen, um das Wohl der Patienten und Patientinnen zu sichern. Zugleich müssen alle Akteure anerkennen, dass sie auf die Gleichzeitigkeit von feststehender, regelgeleiteter Struktur und Handlung einerseits in Verbindung mit Handlungsspielräumen für flexibles, auf unvorhersehbare Situationen reagierendes Entscheiden und Handeln andererseits angewiesen sind. Verbindliche Abläufe und Verantwortlichkeiten sind eng geknüpft an situatives Um- und Neuorganisieren, an das Anpassen der realen Bedingungen an das, was ggf. als Kurs vorgegeben ist. Einfachheit und Autonomie gilt es vor diesem Hintergrund immer wieder neu auszutarieren und in Balance zu halten.

4.2 Ethisches Führungshandeln organisieren

Ethisches Führungshandeln setzt auf Werteorientierung, welche kooperativen, partizipativen, situativ angemessenen und flexiblen Maßstäben folgt. Die folgende Grafik schlägt dazu stimmige Führungswerte und Ziele vor, die abgestimmt auf die drei Anforderungen zum Aufbau ethisch geprägter Führung als Ankerpunkte für Führungshandeln gelten können.

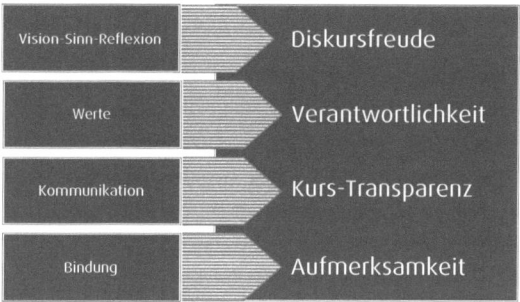

Abb. 9: Durch Führungshandeln Werte schöpfen

Um in Teams u. a. die interdisziplinären und Kompetenz vernetzenden Diskurse zu initiieren, zu fördern und damit zur Einfachheit und Autonomie beizutragen, kann die Bearbeitung und damit Kommunikation zu folgenden beispielhaften Fragen helfen:

1. Diskursfreude: Wo zeichnen sich Grenzen des Machbaren (Schwellenwerte) ab? Sind schon jetzt Grenzen erreicht (Krankenstände, Ad-hoc-Ausfälle, Überbelegung, Unterbelegung u. a.). Hat das was gestern noch „richtig" erschien, heute noch Relevanz? *Ziel: Bindung durch Offenheit, Unsicherheiten kalkulierbar machen, kritische Winkel erkennen, vorausschauend Maßnahmen ergreifen können. Reflexion der Ziele und Mittel.*
2. Verantwortlichkeit: Kennen alle Akteure die Relevanz und Bedeutung der jeweils anderen Akteure und Akteursgruppen? *Ziel: Kommunikation über Autonomie einerseits und verbindende Verantwortung andererseits in den Handlungsketten erkennen und erzeugen. Respekt vor dem Handeln der anderen.*
3. Kurs-Transparenz: Sind den Akteuren ihre eigenen Wertevorstellungen und Motive und die der anderen bewusst? *Ziel: Vision-Sinn-Reflexion, Werteabgleich, Bindung*
4. Aufmerksamkeit: Gibt es ein gemeinsames Verständnis aller beteiligten Akteure über die relevanten Prozessszenarien? Welche Kommunikationsketten funktionieren, welche nicht? *Ziel: Flüssige Kommunikation und Handlungsketten stabilisieren, Zeit- und Personalressourcen sparen.*

Die vorgestellten Fragestellungen verstehen sich als integrativer Teil eines von der Organisation gewollten ethischen Führungsprozesses, für den die „Top-down"-Regel gilt. Denn ist der Prozess in der Führungsspitze und in der Organisation nicht verankert, gehen die Effekte nach unten verloren bzw. richten eher Schaden an als dass sie hilfreich sind. Wird der Prozess hingegen von der Führungsspitze gefördert und selbst mitgelebt, erhöhen sich die positiven, Werte schöpfenden, Energie sparenden und Arbeitsfluss fördernden Wechselwirkungen auf allen Ebenen. So einfach ist das.

5 Ethikkompetenz und ethisches Führungshandeln brauchen Ausbildung

Wertebildung ist ein Entwicklungsprozess und damit veränderbar. Das Vermögen, sich an Werten zu orientieren, ordnen Erpenbeck und Heyse[69] einem umfassenden Lernprozess zu, der auch Kompetenzerwerb genannt wird. Der Kompetenzbegriff wiederum betont das umfassende Zusammenspiel der Entwicklungsleistungen in den vier Bereichen Wissen, Fertigkeit, Werte- (wofür ich stehe) und Motivationsbildung (was mich antreibt). Führungsverhalten ist daher Teil eines Entwicklungsprozesses und somit vor dem Hintergrund dieser vier Kompetenzbereiche zu sehen. Baitsch definiert diesen Kompetenzerwerb näher als „(…) System der innerpsychischen Voraussetzungen, das sich in der Qualität der sichtbaren Handlungen niederschlägt und diese reguliert. Kompetenz bezeichnet also die prozessuale Qualität der innerpsychischen Tätigkeiten und ist als solche ein wesentliches Merkmal der Persönlichkeit. Inhaltlich ist damit die systemische und prozessuale Verknüpfung von Werten und Einstellungen mit den Motiv-Ziel-Strukturen einer Person gemeint (…).“[70]

Damit Wissen über Ethik und ethische Persönlichkeitsbildung im Sinne eines umfassenden Kompetenzerwerbs kein Zufall, sondern vielmehr ein qualitativ zielgerichteter Prozess ist, müssen Räume und Anlässe geschaffen werden, in denen bzw. zu denen die dafür notwendigen Lernerfahrungen ermöglicht werden können. Denn wo lernen Führungskräfte

- ethische Situationen als solche zu erkennen?
- ethisch begründet Entscheidungen zu treffen, die in Bezug zu den Leitbildern ihrer Organisationen stehen?
- aus widersprüchlichen Anforderungen mögliche Entscheidungen abzuleiten und ihre persönliche Ambiguitätstoleranz auszutarieren?
- ihre ethisch positionierten Entscheidungen transparent in der Organisation zu kommunizieren (als Organisationswille) und damit die Mitarbeitenden zu entlasten?

Das Ausbildungsziel für ein ethisch geprägtes Handeln von Führungskräften kann vor diesem Hintergrund wie folgt beschrieben werden:

- Ethiktheorien und die zugehörigen Werteorientierungen kennen und diese auf praktische Beispiele übertragen können
- ethisch relevante Situation erkennen, benennen und reflektieren können
- ethische Reflexionsprozesse in Teams initiieren und gestalten können
- ethisch begründete Interventionen entwickeln können

---

[69] Siehe Erpenbeck. J. / Heyse, V. (2007), S. 11; S. 14 ff.; S. 29; S. 111.
[70] C. Baitsch (1996), zitiert in: Erpenbeck, J. / Heyse, V. (2007), S. 165.

- in ethischen Konflikten beraten, begleiten und/oder ggf. Lösungen bereithalten können
- ethisches Denken und Handeln in Organisationen strukturell verankern können
- ethischen Dilemmata und belastenden Situationen mit dem Vermögen zur persönlichen Resilienz begegnen können
- Organisationen nach ethischen und Ressourcen schonenden Handlungsindikatoren ausrichten können; Energie sparen statt vergeuden
- das eigene Führungshandeln nach den benannten Indikatoren zur „guten" ethischen Führung ausrichten können.

Ethische Führungskompetenz[71] braucht den Willen, vom „ethischen Schweigen" in das „ethische Sprechen" zu gelangen, sowie die Fähigkeit und den Willen, Organisationen an ethisch benannten Werten auszurichten und diese nachprüfbar in die Organisation einzubringen. Damit ist der Mut verbunden, ethisch-ökonomische Parameter (beispielsweise Versorgungslücken, Pflegezeitreduzierungen u. a.) als solche auch zu benennen. Der Ethik-Bildungskanon für Führungskräfte muss dringend fester Bestandteil jeder Hochschulausbildung sein, wenn das Versprechen, Führungskräfte von morgen auszubilden, eingehalten werden soll. Entsprechend erschreckend ist die Bilanz, schaut man in die Modulbeschreibungen der Betriebswirt- oder Rechtswissenschaften, der Mathematik, Ingenieur-, Naturwissenschaften und anderer Technik-Fächer, der Erziehungswissenschaft und selbst der Medizinerausbildung und der medizinischen Assistenzberufe. Ethik kommt selten vor.[72] Studierende können Masterabschlüsse erzielen und als Führungskraft in die Wirtschaft gehen, Mediziner in Krankenhäuser u. a., ohne in ihrer Ausbildung eine einzige Stunde über die ethische Qualität ihres Handelns und die Wirkungszusammenhänge ihres Tuns nachgedacht zu haben. Das können wir nicht wollen.

Vielmehr muss für alle Berufsgruppen gelten, dass ein ethisches Grundverständnis über die Wirkungszusammenhänge im eigenen Tätigkeitsbereich und die Fähigkeit zu ethischen Begründungen für das eigene Tun, als Voraussetzung für jeden Beschäftigungsbereich gelten muss. Jeder Fachbereich braucht darüber hinaus neben den übergreifenden Kompetenzen ergänzende und fachspezifisch relevante Lernziele und muss diese in operationalisierbaren Lehrplänen formulieren. Wertebildung und Ethikkompetenz sind unverzichtbare Bausteine allen organisationalen und individuellen Handelns, denn Ethik ist immer im Spiel.

---

[71] Anregungen dazu auch bei: Kals, E. / Rosenbaum, H. (2010); Ringlstetter, M. / Gebhard, Ch. (2010).
[72] Ausnahmen sind beispielsweise Studiengänge der Pflegeberufe, die in ihren curricularen Ausbildungsstufen explizit ethische Fragestellungen aufgreifen und die zu erlernenden Kompetenzen den existierenden Qualifikationsniveaus und -stufen des Europäischen wie Deutschen Qualifikationsrahmens zuordnen. Qualifiziert nachzulesen in: Riedel, A. / Giese, C. (2019).
Universitäten greifen das Thema Ethik in ihrer Ausbildung vereinzelt auf (z. B. Fernuniversität Hagen, Universität Witten-Herdecke, Katholische Hochschule Eichstädt)

6 Abschließende Eindrücke aus anderen Sphären – oder: Was wir durch *Star Trek* lernen können

Zeitsprung nach vorn: In dem 2013 in Deutschland im Kino angelaufenen US-amerikanischen Spielfilm „*Star Trek – Into the Darkness*" wird das Jahr 2396 (Sternzeit 76765,84) geschrieben. Der Sternenflottenoffizier John Harrison (später entpuppt dieser sich als im 20. Jahrhundert gentechnisch veränderter und dann eingefrorener Soldat namens Khan) verübt einen Sprengstoffanschlag auf ein als Archiv getarntes Waffenlabor der Sternenflotte in London und flieht auf den Planeten Kronos. Captain Kirk, Kommandant des Raumschiffs Enterprise, bekommt den Auftrag, bis zum Rand der „Neutralen Zone" vorzudringen und von dort aus Harrisons Position, eine unbewohnte Gegend auf Kronos, mit neuartigen Langstrecken-Photonentorpedos zu beschießen. Kirk hofft, Harrison unschädlich zu machen und gleichzeitig einen Krieg mit den dortigen Bewohnern, den Klingonen, zu vermeiden.

Kurz vor dem Abflug zum Raumschiff erfährt auch sein erster Offizier Spock von diesem Auftrag. Er, Spock, hat aber Bedenken gegen das Unternehmen. Er wendet sich an seinen Vorgesetzten Kirk: „Da ich (…) Ihr erster Offizier bin, ist es meine Pflicht, gegen unseren Auftrag Einspruch zu erheben."

Kirk, der Spock als Moralapostel kennt, (spöttisch): „Sicher, was auch sonst."

Spock: „Keine Sternenflottenvorschrift verurteilt einen Mann zum Tode ohne einen Prozess. Dies vergessen sowohl Sie als auch Admiral Marcus (Kirks Vorgesetzter). Und vorausgreifend Torpedos auf den klingonischen Heimatplaneten abzuschießen, widerspricht …" Er wird von Kirk unterbrochen: „Sie sagten selber, das Gebiet sei unbewohnt, es wird nur einen treffen. Und Sie haben es doch gehört, unsere Mission ist abseits aller Sternenflottenvorschriften."

Nun mischt sich Dr. „Pille" McCoy, der erste medizinische Offizier, ein (seine Fachgebiete: Psychologie, außerirdische Medizin und Exobiologie). Offenbar weiß er bis zu diesem Zeitpunkt nichts von dem Vorhaben.

McCoy (überrascht): „Moment mal, wir feuern Torpedos auf die Klingonen?" Auch er wird unterbrochen.

Spock: „Abgesehen von den Regeln ist die Sache unmoralisch …" Wieder unterbricht ihn Kirk: „Abgesehen von den Regeln: War es moralisch korrekt, Ihren Hintern aus einem Vulkan zu holen?" Damit spielt Kirk darauf an, dass er Spock bei einem Vulkanausbruch auf dem Planeten Nibiu aus Lebensgefahr gerettet hat. Und obwohl Pille McCoy versucht, ihn zu beruhigen, fährt Kirk aufgebracht fort: „Ich will keine Ethik-Lektion von einem Roboter!" Womit Spock gemeint ist. Daraufhin Spock: „Ihre aggressiv verteidigende Haltung legt den Schluss nahe, dass

Sie meine Argumente stichhaltig finden."

Kirk (aufgebracht): „Ihre moralisch geprägten Argumente sind mir völlig egal."

Spock: „Captain, die Mission kann einen Krieg mit den Klingonen auslösen. Sie ist per Definition unmoralisch. Ich schlage vor, Sie nehmen sich die Zeit, selbst zu dieser Schlussfolgerung zu gelangen." Es tritt eine längere Pause ein.

Offensichtlich aber verfehlen die kritischen Bemerkungen seines Mitstreiters Spock ihre Wirkung auf Captain Kirk nicht. Später, während des Fluges nach Kronos, teilt Kirk seinem Personal mit, dass er seinen Auftrag geändert habe und von einem Beschuss mit den Photonentorpedos absehe. Stattdessen werde er das Risiko eingehen, auf Kronos zu landen, um den flüchtigen Harrison zu verhaften.

Nun die Frage: Was hat den Sinneswandel ausgelöst? Was genau ist passiert?
Unser Alltag ist nahezu durchgehend von Situationen geprägt, die an oben erzählte Geschichte erinnern. Der Unterschied ist nur, dass unser Alltag in der Regel nicht in Raumschiffen stattfindet, sondern in Straßen- und U-Bahnen, in Cafés, im Familienkreis und im Arbeitsumfeld: Immerzu sind wir aufgefordert, etwas zu bewerten, scheinbar Gutes von scheinbar Bösem (oder nicht so Gutem) voneinander zu trennen, Entscheidungen für das eine und gegen das andere zu treffen. Manchmal verbinden wir verschiedene Seiten miteinander, da es uns schwerfällt, eine Entscheidung zu fällen für das eine oder das andere. Immer aber greifen wir für unsere Entscheidungen auf unsere Wertevorstellungen zurück, mehr oder weniger bewusst.[73] Ethik ist immer im Spiel.

Der Auszug aus der *Star Trek*-Geschichte handelt von diesem Abwägen, sich nicht sicher zu sein, umzudenken, die Situation neu zu bewerten: Eine Führungskraft ist beteiligt, die auch nicht so genau weiß, was richtig ist. Das Drehbuch sieht vor, dass die zweite Ebene eingreift und auf eine Neubewertung der Situation drängt. Schlussendlich kommt es zu einem Gesinnungswechsel der Führungsspitze zugunsten der neu eingebrachten Position. Eine der Situation angemessene Planänderung folgt.

Die Filmepisode des *Star Trek*-Storyboards gibt Hinweise darauf,
- dass es neben der grundsätzlichen Bereitschaft zur begründeten und werteorientierten Entscheidungsfindung einer Öffnung und Bereitschaft der handelnden Personen für den begründeten Wechsel eines Standpunktes bedarf.

---

[73] Pieper, A. (2017), S. 30.

- dass wir gut daran tun, unsere Bedeutungszuweisungen, unsere Werte und Motive immer wieder mal einer Prüfung zu unterziehen.
- dass der (Gesinnungs-)Wandel als Werteorientierung im Dialog[74] entsteht und
- dass damit nicht automatisch ein Machtverlust einhergeht, sondern die Führungsrolle genau darin besteht, die sich ggf. widersprechenden und komplexen Zusammenhänge zu reflektieren und Ziele (neu) zu justieren.

Der flexible Umgang mit den Umständen und der Sachlage hat also der Führungskraft nicht geschadet und wurde als ein ganz normaler Vorgang behandelt. Das Führungshandeln hat dafür alle Aspekte der in Abb. 9, durch Führungshandeln Werte schöpfen (S. 38), abgebildeten Grafik, zunächst zwar zögerlich, dann aber dennoch, aufgegriffen: Die Aufmerksamkeit wurde auf die Vision-Sinn Reflexion gelenkt, Werte abgeglichen und hinterfragt, Verantwortlichkeiten benannt und Bindung erzeugt. Diskurswille und Kommunikation machten es möglich.

---

[74] Brandt, U. / Babile, D. (2010).

Quellenverzeichnis

Baecker, D. (2016): Organisation und Management. 4. Aufl., Frankfurt a. M.

Bak, P. / Paczuski, M. (1995): Complexity, contingency, and criticality, Proceedings of the National Academy of Sciences, Ausgabe 92, S. 6689-6696.

Bak, P. / Tang, C. / Wiesenfeld, K. (1987). Self-organized criticality: an explanation of 1/f noise. Physical Review Letters. Ausgabe 59/4 Nr. 4, S. 381-384.

Beauchamp, T. L. / Childress, J. F. (2012): Principles of Biomedical Ethics, Oxford.

BeyondHealth (Hrsg.) (2016): Frauen in Führungspositionen – im Gesundheitswesen die Ausnahme, unter: https://beyondhealth.de/de/corporate-blog-de/item/6-frauen-in-fuehrungspositionen-im-gesundheitswesen-die-ausnahme, Zugriff am 29.04.2019.

Blumenberg, H. (1981): Die Lesbarkeit der Welt, Frankfurt a. M.

Brandt, U. / Babile, D. (2010): Werte des Wandels – Veränderungsprozesse in einem Traditionsunternehmen. In: Meier, U. / Sill, B. (Hrsg.): Führung. Macht. Sinn, Regensburg, S. 134-159.

DAK (Hrsg.) (2018): DAK-Gesundheitsreport. Beiträge zur Gesundheitsökonomie und Versorgungsforschung (Bd. 21), Berlin

Damasio, A. R. (2015): Descartes' Irrtum. Fühlen, Denken und das menschliche Gehirn. 8. Aufl., Berlin.

Dammann, G. (2007): Narzissten, Egomanen, Psychopathen in der Führungsetage: Fallbeispiele und Lösungswege für ein wirksames Management, Bern et al.

Dittes, F. M. (2012): Komplexität. Warum die Bahn nie pünktlich ist, Berlin.

Dohmen, G. (1982): Zum Verhältnis von „natürlichem" und organisiertem Lernen. In: Becker, H. (Hrsg.): Wissenschaftliche Perspektiven zur Erwachsenenbildung, Braunschweig, S. 189-202.

Dollhausen, K. (2003): Anstöße durch die soziologische Organisationstheorie: Kultur, System, Netzwerk. In: DIE Zeitschrift für Erwachsenenbildung, H. 1/2003, S. 29-32.

Erickson, A. / Shaw, J. B. / Agabe, Z. (2007): An empirical investigation of the antecedents, behaviors and outcomes of bad leadership. In: Journal of Leadership Studies, 1(3), S. 26-43.

Erpenbeck, J. / Heyse, V. (2007): Die Kompetenzbiografie. Wege der Kompetenzentwicklung. 2. Aufl., Münster.

Esch, T. (2012): Die Neurobiologie des Glücks. Wie die Positive Psychologie die Medizin verändert, Stuttgart u. a.

Esch, T. / Esch, S. M. (2016): Stressbewältigung. Mind-Body-Medizin, Achtsamkeit, Selbstfürsorge. 2. Aufl., Berlin.

Gabler (Hrsg.) (2019a), Gabler Wirtschaftslexikon, Stichwort: Ökonomie, unter: https://wirtschaftslexikon.gabler.de/definition/wirtschaft-54080, Zugriff am 15.05.2019.

Gabler (Hrsg.) (2019b), Gabler Wirtschaftslexikon, Stichwort: Neue Ökonomie, unter: https://wirtschaftslexikon.gabler.de/definition/neue-oekonomie-38296, Zugriff am 15.05.2019.

Gallup Institut (2018): Engagement Index Deutschland 2018, Berlin. Unter: www.gallup.de/183104/engagement-index-deutschland.aspx, Zugriff am 23.05.2019.

Giddens, A. (1988): Die Konstitution der Gesellschaft. Grundzüge einer Theorie der Strukturierung, Frankfurt, New York.

Haken, H. / Haken-Krell, M. (1992): Erfolgsgeheimnisse der Wahrnehmung – Synergetik als Schlüssel zum Gehirn, Stuttgart.

Harari, Y. N. (2018): 21 Lektionen für das 21. Jahrhundert, München.

Kaiser, T. (2019): Nur „systemrelevante" Kliniken sollen überleben. In: Welt.de, veröffentlicht am 04.01.2019 unter: https://www.welt.de/wirtschaft/article186453970/Krankenhaeuser-Kassen-und-Berater-wollen-Hunderte-Kliniken-sterben-lassen.html.

Kals, E. / Rosenbaum, H. (2010): Führungsverantwortung in schwierigen Kommunikationssituationen. In: Meier, U. / Sill, B. (Hrsg.): Führung. Macht. Sinn, Regensburg, S. 742-751.

Krobath, Th. / Heller, A. (2010): Ethische Naivität durch Organisation der Ethik überwinden. In: Heinemann, W. / Maio, G. (Hrsg.): Ethik in Strukturen bringen, Freiburg, S. 12-39.

Kuhn, Th. / Weibler, J. (2012): Führungsethik in Organisationen, Stuttgart.

Ludewig, K. (1992): Systemische Therapie. Grundlagen klinischer Theorie und Praxis, Stuttgart.

Mahlmann, R. (2019): Führungsstile und -methoden gezielt einsetzen. Situativ und verantwortungsvoll führen. 2. Aufl., Weinheim, Basel.

Meier, U. / Sill, B. (Hrsg.) (2010): Führung. Macht. Sinn, Regensburg.

Möske, R. (2016): Organisationen und selbstorganisierte Kritikalität. Versuch einer Konzeptübertragung, Norderstedt.

Ng, T. (2015): Ethical Leadership: Meta-Analytic Evidence of Criterion-Related and Incremental Validity. In: Journal of Applied Psychologie, 100 (3), S. 948-965.

Nowotny, V.: Was ist ein agiles Unternehmen? Eine Einführung, 2016, unter: https://upload-magazin.de/blog/14153-agile-unternehmen, Zugriff am 10.04.2019.

Parsons, T. (1994): Autor, Situation und normative Muster. Ein Essay zur Theorie sozialen Handelns. 4. Aufl., Frankfurt a.M.

Pieper, A. (2017): Einführung in die Ethik. 7. Aufl., Tübingen

Riedel, A. / Giese, C. (2019): Ethikkompetenzentwicklung in der (zukünftigen) pflegeberuflichen Qualifizierung – Konkretion und Stufung als Grundlage für curriculare Entwicklungen. In: Ethik in der Medizin, Bd. 31, Heft 1, S. 61-79.

Ringlstetter, M. / Gebhard, Ch. (2010): „Cooperate Social Responsibility". Institutionelle Bedingungen einer verantwortungsorientierten Unternehmensführung. In: Meier, U. / Sill, B. (Hrsg.): Führung. Macht. Sinn, Regensburg, S. 236-261.

Rüegg-Stürm, J. (2003): Das neue St. Galler Management-Modell – Grundkategorien einer integrierten Managementlehre. 2. Aufl., Bern.

Simon, F. (2013): Einführung in die Systemtheorie und Konstruktivismus, 6. Aufl., Heidelberg.

Stehr, N. (2007): Die Moralisierung der Märkte, Frankfurt a. M.

Storch, M. / Tschacher, W. (2016): Embodied Communication. Kommunikation beginnt im Körper, nicht im Kopf. 2. Aufl., Bern.

t2informatik (Hrsg.) (2019): Was ist ein Workflow? Unter: https://t2informatik.de/wissen-kompakt/workflow/, Zugriff am 29.04.2019.

Tietgens, H. (1986): Erwachsenenbildung als Suchbewegung, Bad Heilbrunn.

Veit, I. (2018): Praxis der Psychosomatischen Grundversorgung. Die Beziehung zwischen Arzt und Patient. 2. Aufl., Stuttgart.

Watkins, N. W. / Pruessner, G. / Chapman, S. C. / Crosby N. B. / Jensen, H. J. (2016): 25 Years of Self-organized Criticality: Concepts and Controversies. In: Space Science Reviews, Ausgabe 198. S. 3-44.

Watzlawick, P. (2018): 5 Grundregeln der menschlichen Kommunikation und ihre Paradoxie, unter: https://www.paulwatzlawick.de/axiome.html, Zugriff am 12.11.2018.

Welt der BWL (Hrsg.) (2019): EBITA, unter: https://welt-der-bwl.de/EBITA, Zugriff am 21.09.2018.

Weiterführende Literatur

Baumann-Hölzle, R. / Arn, Chr. (2009): Ethiktransfer in Organisationen, Basel.

Bölts, J. / Kröcher, U. / Kosuch, B. / Dehrmann, J. / Kalkmann, J. (2013): Evaluationsstudie „BurnOn – Fit für eine starke Führung", Training zur personalen und organisationalen Erschöpfungsprophylaxe, Oldenburg.

Buckley, W. F. (1987): Gesellschaften als komplexes adaptives System. In: Türk, K. (Hrsg.): Handlungssysteme. Studienbücher zur Sozialwissenschaft, Bd. 35, Opladen, S. 273-288.

Glöckler, U. / Maul, G. (2010): Ressourcenorientierte Führung als Bildungsprozess. Systemisches Denken und Counselling-Methoden im Alltag humaner Mitarbeiterführung, Wiesbaden.

Graf, A. (2001): Grundlagen, Personalbedarfsermittlung, -beschaffung, -entwicklung und -einsatz, 7. Aufl., Bern u. a.

Häfele, W. (1993): Systemische Organisationsentwicklung, Frankfurt a. M.

Haken, H. (1982): Synergetik, Berlin, Heidelberg, New York

Küpper, W. / Felsch, A. (2000): Organisation, Macht und Ökonomie, Wiesbaden.

Parsons, T. (2009): Das System moderner Gesellschaften, 7. Aufl., Weinheim.

Scheurle, H.-J. (2016): Das Gehirn ist nicht einsam. Resonanzen zwischen Gehirn, Leib und Umwelt. 2. Aufl., Stuttgart.

Schoeneberg, K. P. (Hrsg.) (2014): Komplexitätsmanagement in Unternehmen. Herausforderungen im Umgang mit Dynamik, Unsicherheit und Komplexität meistern. Wiesbaden.

Simon, F. (2017): Einführung in die Systemtheorie, 8. Aufl., Heidelberg.

Die Autorin / Der Autor

Prof. Dr. Barbara Veltjens

praxisHochschule Köln, Professur für Organisationsentwicklung und Bildungsmanagement

Mail: b.veltjens@praxishochschule.de / kontakt@dr-veltjens.de

Dr. Jens Dehrmann

Institut Führung+Gesundheit, Hannover, Köln, Vorstand Deutsche Gesellschaft für Workflow-Management im Gesundheitswesen e.V., Köln

Schwerpunktthemen: Führung und Gesundheit, Ethik und Führung, Interdisziplinäre Kommunikation und Workflow-Management

Mail: dehrmann@i-f-g.net